JN195152

龍神の王様

ジョウスター

アセンド・ラピス

はじめに

この本は、ジョウスター流の富と成功への手引きです。

財運を上げるために神社で祈ったり、毎年熊手を買ったり、開運グッズを集めて日々がんばっておられる方にぜひ読んでいただきたい本です。

この本を読めば、ほんとうに豊かになるからです。

この本では、スピリチュアルな観点から、自然に財運がつく意識の持ち方のポイントをコンパクトにまとめました。

「宇宙の王様」や「銀河の王様」でも書いたように、運命や宿命はありません。すべては自分の思いが創っているからです。

豊かさを手にするには、人間の努力が8割、スピリチュアルが2割ですが、努力の方向が違っていると、いくらがんばっても報われないことになります。

本来は、努力なしに自然に豊かになる道があるのです。

お金は地球特有の仕組みの一つです。スターシードやスペースエンジェルたちが地球のために働くときに、お金の問題を避けて通れません。
あなたの意識が変わると、パラレルが変わります。
ぜひこの本の内容を参考にして、あなたも富と成功を手にしてください。

ジョウスター

新しい時代が始まる

龍神の王様　目次

はじめに　3

フェーズ1　マネーゲームの終わり
――次世代の地球を創造せよ　13

お金を手に入れるには／お金は人間力と関係する／ネガティブなお金を集める人／悪いお金は世界から消えていく／お金はエネルギー／愛を具現化する活動／お金に愛されるには／土の時代から風の時代へ／自分の得になるというエゴの思い／誰かのために働く／自由とは何か／狭いテリトリーをつくらない／三次元での活動にのり出す／地球に訪れた目覚めの時代／古い地球人が行っていたマネーゲーム／風の時代とお金／魂の再生

フェーズ2　愛の循環経済
——心の豊かさを求めよ　49
欲しいという思いの奥にあるもの／お金は愛を循環させる道具／心の豊かさとは／心のふれあい／心のふれあいは今ここで起こる／愛のエネルギーはどのように生まれるか／誰もが心のふれあいを求めている／相手の住む世界の価値に合わせる／相手を認めるために必要なこと／コントロールされてきた人の思考／古い教えを握っている人の思考／新しい世界を創造する道／愛のキャンドル・サービスを

フェーズ3　神社と龍脈
——グリッドからエネルギーを受ける　79
龍の道／龍は霊界の専門職／自然の生命エネルギー／神社でお祈りをするわけ／神社はいらなくなる？／霊界の専門家との協力関係が成り立つ／神社のある場所／地球のエネルギーグリッド／エネルギースポット／龍脈とはより大きな自然霊の意志の反映／レイラインの存在証明／エ

ネルギーを体感することの大切さ／地球をヒーリングする人／神社で行われるエネルギーワーク／天地の架け橋をつくる人／ライトワーカーとして働く／霊的な感覚で生きる

フェーズ4　宇宙はあなたに応える
――ジョウスターの成功法則　109

認識が実在を創造する／科学と宗教の関係／地球の特殊事情／夢を描くこと／パラレルを移動する／宗教は科学によって置き換えられる／神々とのつき合い方が変わる／自分にしかない才能を生かす／願望のパワーを使う／「今ここ」にいるための方法／ニュートラルになる／宇宙の流れに乗る／不確実性の英知に委ねる／原因と結果の法則を活用する／与えることで受け取る

フェーズ5　三次元の課題を乗り越える
――否定的な感情と思考に向き合うには　139

人生の初期設定／メンタルヘルスの課題／光を増やすという目的／豊かになる道を閉ざす狭い意識／初めに感情のケアを／深層意識の情動を見抜く／「偽物の感情」をつくった原因／自分の本心に向き合う／勝者のシナリオを書こう／親から刷り込んだ非言語メッセージ／12個の禁止令／あなたをさらに生きづらくする「ドライバー」／行動を変えると思いが変わる／罪の意識は処罰を求める／心や体の状態を客観視する方法／夢を通して自己客観視ができる

フェーズ6　問題は存在しない
――あなたはメッセンジャー――　185

地球のグリッドに共鳴する／変化は常に起こっている／小さな変化が大きな変化を生み出す／漠然とした不幸感覚／問題が起きている状態／まずゴールをイメージ化する／ガイドからサポートをもらうには／まず意識的に呼吸をすることから始める／あらゆる経験から学ぶ

フェーズ7　神々との共同作業

——ライトワークとは無心に祈ること　213

神々となるチャンス／拝金主義を中和させる／光の柱を立てる支援をする／注意すべきこと／スターシードのライトワーク／霊的な磁場の浄化／大地のエネルギーを流すワーク／エネルギーを他者に流す

フェーズ8　龍神の王様

——八百万の神々となる条件　237

豊かさとは創造する力／神に頼ってはならない／日本の国土と龍／龍神が願うこと／龍神は優しいお爺さん／龍神と波長の合う人／龍神に守ってもらうには／神様にお願いする／神道系の神々の願い／八百万の神々の覚悟／「生ける神」になってほしい

おわりに　263

女性性が世界を癒す

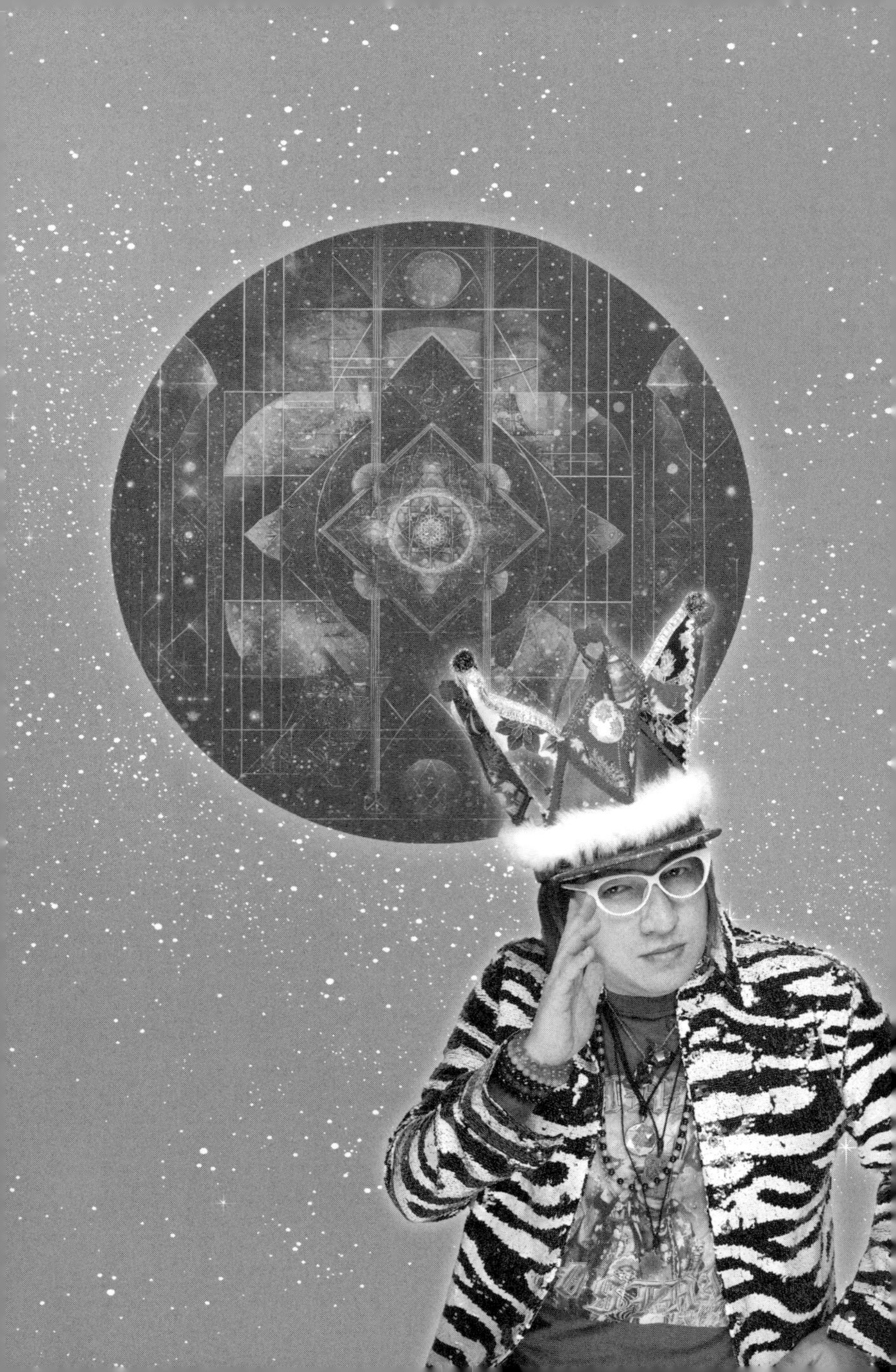

フェーズ1

マネーゲームの終わり

次世代の地球を創造せよ

お金を手に入れるには

第1フェーズを始めます。

この章では、新しい地球人のお金の捉え方について考えてみます。

私自身は現在為替投資をしており、FXから生活費のかなりの部分を得ているのですが、その詳細をお伝えすることはこの本の目的ではありません。

いつもYouTubeでみなさんにお金を手に入れるには「財運を上げる」ことと「お金を出す」ことが大切だというお話をしていますが、これは投資を話題の一つにしている私が、自分自身のスタイルとして参考までにお伝えしていることであって、誰にでも、どんなときでも当てはまるものではありません。

この本では、誰にでも、どんな時代でも当てはまるようなお話をしていくつもりです。

これまで「原因と結果の法則」について何度も説明してきました。思い・言葉・行動という原因が種となって、結果を刈り取っています。「財運」についても同じで、「財運」があるような結果が生じているのなら、その人はその原因となることをしているのです。

思い・言葉・行動を「意識的に選択すること」ができないために、望む結果を得られないことが多くのスピリチュアル系の方の悩みだと思います。

「宇宙の王様」「銀河の王様」でも概略は語っているのですが、この本では、特にお金に関係するスピリチュアルな知識についてまとめてみました。読者のみなさんが自力で「財運」を手に入れる一助になればと思います。

その内容に入る前に、お金について私が普段考えていることをいくつかお話ししたいと思います。

お金は人間力と関係する

私たちは、意識をある波動に集中することで、パラレル世界の中を移動しながら生きています。

お金があるときにはお金があるパラレルにいて、お金がないときにはお金がないパラレルにいます。

この二つの意識の違いは何かというと、私の体験では、それは「人間力」の強弱だと感じています。

お金がないときは自然に人間力が強くなり、次のお金を生み出すための動きが起きます。要するに、人間は健康であれば、次のお金を生み出していくようにできています。ある意味で、人間はお金のあるなしのサイクルをきっかけにして、新たな体験ができるようにつくられているように思います。

世の中のお金持ちを観察していると、たとえば、孫正義さんのように、巨額のお金を集めることができる人がいます。そういう人は、必ずお金がたくさんないと動かせない事業、無数のプロジェクトやプログラムを持っています。

そういう事業は、良いエネルギーを持った人が、良いお金のエネルギーで回しているように見えます。そういう事業を考えるだけの器《うつわ》と経験があるということでしょう。

大きな企業では、たくさんの人が分業して、ものづくりやサービスを提供しており、長年そのノウハウを蓄積しています。たくさんの社員が、それぞれ自分の責任を背負って、日々命をかけて働いているので、高い品質がつくり込まれた商品が大量に市場に供給されています。

ＩＴ技術の進歩により、大企業で何十年も巨額の投資をして培われた優れたビジネスプロセスが、誰でも安価に使えるインフラとして提供されるようになりました。Googleにしても YouTubeにしても、個人が同じものをつくろうとしてもできません。巨大企業であればこそ、それができたわけですから、グローバル企業がそれだけの富を集めるのは自然だと思います。巨大資本のおかげで、私を含め、資本を持たない個人でも、自由に事業ができるのですから。

これからの時代は、「何もないところから、何かを生み出す」というアイデアの具現化へのハードルがさらに低くなっていくと思います。それによって、誰もが豊かさを体験できるようになると予想されます。「より便利なもの」「より楽しいもの」「より満足をもたらすもの」を生み出す可能性は無限です。そういうものを思いついたり、発見したりする力が大事です。

「豊かになる」には、孫正義さんのような起業家が持つ「豊かさを生み出す」ライフスタイルを、小さな規模で体験することだと考えます。

ちなみに、ネサラ・ゲサラのような他力本願で受動的な意識に囚われると、それは生産的な活動ともいえず、誰も何も生み出さないので、豊かさとは無縁のパラレルに移動するだけです。

ネガティブなお金を集める人

風の時代は、良い思いが乗ったお金を集めて、みんなのための事業をすることで、みんなが幸せになっていくので、良い時代になると思います。

お金を集める人の中には、「人を幸せにする」ために事業をする人と「幸せを独り占めにする」ために事業をする人の二つのタイプがあります。

最近気がついたのは、後者と良く似た人で、実は、世の中に出回っている二元性の負のエネルギーを持ったお金、それを使っても幸せになれないような良くないお金を集めて、そのエネルギーを自分が吸収して、浄化して吐き出す役割を果たしているスターシードがいることです。

ほかのスターシードが、お金がないとか、貯金ができないとか、お金に困っているとか、これをしたいという願望実現に対してお金の滞りがあって悩んでいるときに、その人の思いのエネルギーを吸い込む役割を担っている人です。

そういう「悪い人」からお金を吸い取られて、握っていたお金を出すことによって、本人には葛藤が生じますが、結果として意識が次のステージに移動することになり、別の使命が与えられて新しいお金が入ってくることで豊かになる人がいます。その場合は、結局自分の思いの間違いを手痛い思いをして知らされたわけです。

従って、スターシードは、自分が管理している事案でお金を使ったり受け取ったりするときに、そのお金が表現するエネルギーの正負を良く理解して使うことが大事だと思います。意図せずにお金が出ていったときには、もしかすると、それが自分のネガティブな想念エネルギーを消してくれているかもしれません。あるいは将来大きなカルマをつくらないために、傷が小さくて済むときに守護霊が意図して間違いを体験させているかもしれません。

お金を使うときは、「幸せな人を増やそう」という心からの思いで、ポジティブな想念エネルギーを乗せることが大事です。それを受け取った人は、その幸せなエネルギーを吸い込むことになるからです。

悪いお金は世界から消えていく

古い地球では、人間の想念が善悪二元論の認識でできていたので、これまではお金にもいいお金と悪いお金というバージョンがありました。

悪いお金を動かすスターシードがいるため、そういうスターシードに関わる神社や気の流れがあったはずです。神社の神様は、さまざまな目に見えない働きをしてくださるわけですが、本人が財運の祈願をしていても、本人のハイヤーセルフや守護霊がそれを許可しない場合は、あえて祈りに応えなかったり、悪いお金を吸い取る役目のスターシードに出会わせてお金を失うような体験をさせたりすることがあったということです。

ちなみに本人の悪いエネルギーを悪いお金で消し去るように動く人は、気のエネルギーを使う特殊な能力に長《た》けており、強い想念エネルギーを使います。お金を使い切らないといけない人々を念でコントロールする結果、自分のエネルギーを浪費して疲れ切って人生を終える人もいます。

近い将来に、地球人は善悪の二元性を乗り越えていきます。これからの風の時代には、若い宇宙系の魂、レインボーチルドレンやクリスタルチルドレンが活動します。彼らは初めから霊性に目覚めており、お金への欲望の部分はデトックスして出てきていますので、昔のような金銭的なトラブルに巻き込まれることは少なくなります。

お金はエネルギー

お金はエネルギーであると捉えるのがわかりやすいと思います。

お金の流れにはネガティブとポジティブがあり、お金を動かす人の想念エネルギーのせめぎ合いの中で、世の中のお金が動いていると考えられます。

紙幣には価値が数字で表現されているように、お金自体にもエネルギー量があります。お金を使う人の「人を幸せにしたい」という思いのエネルギーが裏付けとしてそれなりになければ、そもそもお金は動きません。

お金自体は紙切れですが、その後ろにある社会システムの象徴であり、そのシステムは今の人類の集合想念が支えているので、お金の力を具現化させようとする思いのエネルギーがお金には備わっているということです。

その社会システムは性善説でできています。性善説というのは、私たちがお金の神様から付託されていることは「お金を媒体にして愛を循環させること」で、その愛のエネルギーを使ってすべての人のために役に立つものを世の中に生み出すように、ということなのです。

ですので、お金は、本来は良い形で使うことが予定されています。悪いお金を使う人は、その仕組みを使って自分に必要以上のお金を集めようとしているということです。

あなたが管理するお金のエネルギーが良いものに変わるのは、あなたがお金に愛のエネルギーを乗せたときです。愛はエネルギーとして人々の間を循環しますが、愛の思いが乗ったお金を使うことで、形のある愛が社会に循環していきます。

ですから、問題の本質は、お金を持つ人に「愛を具現化」する意図があるのかないのかということになります。その意図はどこからくるのかというと、一人ひとりの魂のうずきです。

愛を具現化する活動

愛を具現化するとは、言い換えると起業的な活動です。それには消費者を楽にしたり楽しませたり喜ばせたりする目的があります。自分のための個人的な消費活動ではありません。自分が一番得意なことを人様のために物やサービスとして提供することです。

実は、人は誰でも、その人が世界で一番うまくできる才能が与えられています。その才能を使うことで誰でもが世界に貢献できます。これは、アメリカの成功法則の大家であるディーパック・チョプラが語っていることです。

自分の才能が何かを知るには、二つの問いをすればいいのです。「もしお金の心配をしなくてよくて、膨大な時間とお金があったら自分は何をしたいか」「どうしたら自分は最も人類の役に立てるのか」この二つです。

初めにこれを決めると、自分自身が人を幸せにする事業の種になります。自分が地球に豊かさを生み出す種に変化すると、愛のエネルギーを乗せてお金を使う土俵に上がることになります。その種は、宇宙の願望がエネルギー化したものですから、無限に発展する可能性が潜んでいます。

種を芽吹かせるためには、水をやって世話をする必要があります。お金は、施肥や水やりや剪定をするために必要だから、宇宙の摂理によって、必要な人のところにやってくるのです。

一方、自分の個性や使命と関係のない、ただの承認欲求や義務感から始まった活動は、単なるお金儲け目的の活動でしかなく発展しません。そういう思いは愛のエネルギーと波長が合わないので、宇宙からのレスポンスが起こらないからです。

そういう活動には、他者から奪うネガティブな想念エネルギーが乗ってしまい、その思いに「奪えば奪われる」という原因結果の法則が働いて、お金は入らないのにますますお金が出ていくことになります。悪いお金を使う人はそういうサイクルに嵌《はま》っていきます。

悪いお金を使う人のエネルギーを吸い込んでいる人は、「波長同通の法則」から、同じ波長を出すようになります。たとえば、詐欺に出会ってお金を騙し取られた人がいたとします。その場合、その詐欺師に騙された原因は、おいしい話に乗ってしまった自分にあります。それは思いが「自分」「お金」「儲ける」「得をする」ところに集中していたからでしょう。欲に目が眩《くら》むと、普通の人なら「そんなことはあり得ない」と思うようなことでも、都合良く認知を歪めて、信じてしまうのです。

宇宙が自分にお金を流し始めるのは自分の思いが「ニュートラル」であるときだけです。二極性の思いは「ポジティブ」か「ネガティブ」のどちらかです。地球人の分離意識は、不足意識のほうが優っているので、たいてい不足の体験が創られます。

お金に愛されるには

良いお金を使う人は、「波長同通の法則」で、同じ波長のエネルギーを出している人とつながります。あまり努力をしなくても、豊かさや幸福につながるお金の使い方ができます。

良いお金の使い方をイメージ的にいうと、愛や慈悲などの美徳を具現化することや、美しいものや活気のあるものを生み出すことです。お祭りなどもそういう場所の一つです。そういうものに快くお金を使えるのは、良いお金の使い方だと思います。

逆に悪いエネルギーで得たお金をため込んだり、お金の流れが滞るようなことをしたり、特に自分の行動でお金のエネルギーの流れを止めてしまうと問題が起きることがあります。

お金に愛されるには、意識をニュートラルにしておくと同時に、いつも自分の中で、ワクワクした「希望」を持ち続けることが大事です。

「希望」とは、夢や願望が叶うかもしれない予感のことです。言い換えると、いつも新しい目標に向かって前向きな気持ちでいることです。自分の夢の実現のために、事業を計画して、そのためにお金を使うことです。

お金のエネルギーにも、元気なお金と、疲れたお金があります。疲れはてた人のところには、疲れたお金が集まるようになります。そういう人は、知らないうちに、誰かの疲れのエネルギーを吸い込む役目を負っています。

疲れのエネルギーを出す人は、この本に書いた、目に見えない世界の法則を知らない人です。無尽蔵にある地球のエネルギーを取り込むことができないので、自分の肉体の生命エネルギーを使って、三次元の世界をコントロールしようと必死でもがいています。

土の時代から風の時代へ

物質の世界だけにフォーカスした戦略や戦術は、古い土の時代には機能していましたが、風の時代には役に立ちません。それでさらに疲れてしまうことになります。

ここ200年くらいの間に発展した科学技術のおかげで、経済活動の規模が大きくなり、物質的な面では、昔とは比べものにならないほど豊かになりました。

一方で心の問題も増幅されています。メンタルな問題を起こしてうつ病になる場合は、仕事や人間関係から病気になり、働けなくなって金銭的な問題が出てきます。

風の時代にはＡＩ化が進むので、これまで人が時間をかけてやらなければならなかった仕事が減ってきます。たとえば、現在は、システム開発は人手をかけてつくるしかなく、タイムイズマネーという、時間がお金に換算される労働環境がつくられています。そういう制限がなくなる方向に進むはずです。

仕事の中でボランティア精神が尊重される場面が増えてきます。一緒に仕事をするときにも、愛や慈悲という崇高な動機や心意気が評価されるようになります。志に対して対価が得られるような社会になってくるのです。

土の時代には、人が集まらないところで負のエネルギーを持ったお金が動くことがありました。今後は、人々の心の浄化が進むので、ギャンブルなどの後ろ暗いところのある経済活動の規模は小さくなります。

土の時代には、心を成長させるためにマイナスの体験をすることもありました。そのときは負のエネルギーのお金を使うので、そういうお金を吸収する悪人がいる必要がありました。しかし、地球がアセンションしたら、カルマの解消は輪廻転生の目的ではなくなります。負のエネルギ―のお金は必要なくなるので、それを集める悪人もいなくなります。

自分の得になるというエゴの思い

土の時代には、お金をたくさん持っている人が豊かだとされていました。

実際にはそうではなくて、豊かさとは、日々小さな美徳を重ねる体験が多い人が感じる幸せのことです。

お金が滞っていて、しばらく面白いことがない人は、お金のスペースを動かさないといけないかもしれません。お金が動くスペースをつくるように気持ちを切り替えるだけでもお金が動き出すことがあります。

ちなみに、お金が動くか動かないかで、自分が動いているかどうかを判断していたのも土の時代のマインドです。幸せを感じるには自分が動くことが必要ですが、必ずしも、お金が動いていなくても、自分が動くことはできます。

お金が動くためには、お金が滞っている悪いエネルギーのところに風を吹かせないといけません。風が吹いてきたときにお金がいろいろなところにどんどん流れていきます。

たくさんの人のところにお金を流していかないといけません。一人だけでお金を貯めて所有しているという豊かさは、風の時代には通用しなくなってきます。

そのためには心にスペースが必要です。お金に「誰かを幸せにする」思いを乗せる心の余裕といってもいいでしょう。

隙間がなければ風も吹かないですし、ドロドロした土のようなお金になってしまいます。ドロドロした思いがついたお金が汚いお金です。汚いお金が貯金箱や銀行やATMに溜まっていると、エネルギーの流れも滞ってしまいます。

意識が進化すると、自他の境界がなくなり、他者も自分、コミュニティも自分になります。「他者である自分」を豊かにするとか「コミュニティである自分」を豊かにすることで幸せを感じることができるようになるのです。

お金は豊かな人が豊かに使って、世界に美しいものをつくり上げていくことがほんとうは正解なのです。

誰かのために働く

多くの人は、お金を稼ごうとして、自分の自由を犠牲にして働いています。

理想としては、誰かのために働いて自分の心の満足を得ると同時に、お金を得ることもできるのが望ましいと思います。

誰かのために働くと、自分の自由を犠牲にすることにはならないのでしょうか。

イソップ物語の中に「レンガを積む人」の話があります。

ある人が歩いていると、レンガを積んでいる男を見かけました。「何をしているのですか」と聞くと、男は「見ればわかるだろう？　レンガを積んでいるのさ」と答えました。

またしばらくいくと、もう一人、レンガを積んでいる男がいました。「何をしているのですか？」と聞くと、男は「私は壁をつくっているのさ。大変な仕事だが、女房子どもを養うためには仕方がないんだ」といいました。

さらに歩いていくと、もう一人のレンガを積んでいる男に会いました。「何をしているのですか？」と聞くと、男は「私は教会をつくっているのさ。そこで多くの人が救われることになる。素晴らしいだろう」といいました。

三次元の世界でしていることは、3人とも、みんな同じレンガを積むという労働です。でもそれぞれが体感している世界は大きく違っています。

事業をするためにお金を使うときも同じです。内的な思いが違えば、原因と結果の法則により、創造される世界が違ってきます。

最初の男は、自分のために働いていました。２人目の男と、３人目の男は、自分ではない誰かのために働いていました。

最初の男は、自分が何のために働いているのかを自覚していませんでした。２人目の男は、自分がしていることを形のレベルでは理解していますが、事業の目的は自覚していませんでした。スピリチュアル的には、運命の「被害者」として存在しており、自由とはいえません。

３人目の男は、自分が社会的な文脈で何を目的として活動しているのかを自覚しています。そして、仕事を形ではなくて理念として理解しています。彼が自分の魂の願いから、自分の選択でその仕事を始めたのであれば、スピリチュアル的には、彼は「創造主」として存在しています。神の子として自由に生きています。

自由とは何か

このように、同じ仕事をしていても、その仕事を通して自由を得られるかどうかは、外側の形態によってではなく、その仕事を主体的にしているかどうかによります。自分の自由意志で、それを選択しているのかどうかです。

たとえば、ここに、真夏の炎天下で、公園の草むしりをしている人がいたとします。その人は、自分が「被害者」であることを選ぶこともできるし「創造主」であることを選ぶこともできます。それはその人が「何をしているか」ではなくどういう「在り方」をしているかの問題です。

その人が暑い中で草むしりを「やらされている」と思っているなら、地球上に愛のエネルギーが偏満していても、その人にはそのエネルギーは流れてきません。だから1日の終わりには疲れ切ってしまうことでしょう。

もしその人が、庭園の庭師として、庭をきれいにして、植物の手入れをして、公園に来る人にきれいな景色を気持ち良く楽しんでほしいという思いがあり、それをやりたくて、誇りを持ってやっているのなら、たとえ炎天下の草むしりが肉体的には辛いものであっても疲れを感じないでしょう。それは、彼の身体に、地球から無限の愛のエネルギーが供給されるからです。

「やらされている」のか「望んでそうしている」のかは自分がする意味づけの問題です。この意味づけが精神的な自立や自分軸を持つことと関係します。

私のようにYouTuberや自由業をしなければ自由になれないわけではありません。どんな場所にいても、何をしていても、与えられた場所で、与えられた役割の中で、自分の本心に正直に、「創造主」として存在して、世界に貢献することはできます。それが自由であることの意味だと思っています。

狭いテリトリーをつくらない

一旦事業を始めても、理想が大きすぎて夢を叶えるのは到底できそうにないと思って、理想のほうを現実に合わせて小さく変えてしまうことがあります。

神から来たインスピレーションは、本来はすべて叶うものですが、人間心で考えると、実現できる道筋が見えないので、不安になってしまうのです。

右に行ったらいいか、左に行ったらいいか、自分の選択を「占い」に頼って決める人もいます。ほんとうは、右に行こうが左に行こうが、どちらでもいいのです。右に行けば右の未来で学べることがあるし、左に行けば左の未来で学べることがあります。「こちらのほうがいい」ということはないし「こうでなければならない」こともありません。

「とてもできそうにない」という思いは「しなければならない」という常識の縛りから来

ています。その思いを乗り越えるには、不確実性を楽しむ心の余裕が必要になります。「不確実性」についてはフェーズ4でご説明します。

そのためには、逆説的ですが、もがくのをやめてあきらめること、今握っているものを手放すことなのです。「すべてはこのままでいいのだ」とありのままの状態を受け入れると次の扉が開きます。

究極的には、すべての生き物、すべての人生の目的は、生きることそのものです。創造の源である神がそうであるように、私たちもすでに完璧であって、すでに完結しています。神である自分になれないものは何もなく、自分が失っているものも何もありません。それなのに、何者かにならなくてはいけないと思うのは、「自分は欠けている」という信念があるからです。

この「欠けている」という思いが私たちを三次元の世界に縛りつけています。この思いを手放したときに、「ありのままでいい」ことがわかり、ニュートラルになり、愛の思いが現れ、新しい選択の局面が訪れます。

人間として三次元での活動にのり出す前には、一旦「すべてである神」のもとに戻らなくてはならないのです。

三次元での活動にのり出す

事業におけるあらゆるお金の動きに、相手を生かし喜ばす愛のエネルギーが乗っていれば、経済が回れば回るほど、地球の波動は上がっていくことになります。

愛のエネルギーのない事業は、いくらテリトリーをつくってその中でうまくお金を回しても、狭いコミュニティで暗いお金を回しているようなもので、あまりうまくはいかないでしょう。

風の時代は、横と横のつながりが自然にできてきます。狭いコミュニティにせずに、豊かさを誰もが共有できて、誰もが笑顔になれるプロセスをつくれば、お金に困った人もみんなで助け合っていく文化ができるでしょうし、負のエネルギーでお金を使う人も消えていくと思います。

事業自体に愛のエネルギー量が増えれば、さらにお金が良く回るようになります。事業の器そのものが広く大きくなり、その器から誰でも取っていい形になったりします。

たとえば、私がやっている無料ライブは誰もが喜んでくれますし、そこにはお金だったらいくらでも払うよという人が何人も来られます。

事業をすることによるお金の増減のバランスだけを考えているのが古い地球人でした。三次元の事業が生み出す愛のエネルギーの量や、愛の具現化の活動の効率性を評価するようになることが、愛の経済学のもとになるのです。

地球に訪れた目覚めの時代

これから地球に大きな変化が起こるでしょう。トランプ政権のもとでデクラス、情報開示が進むと言われています。これまで隠されていた情報がすべて明かされることになります。デクラスは、地球を戦争漬けにすることでお金を儲けていた拝金主義者たちを根絶やしにする最適なタイミングで行われるはずです。

デクラスの中には、アメリカが持っている宇宙テクノロジーの情報や、ＵＦＯの情報なども含まれます。宇宙テクノロジーとは、地球外存在からもたらされた、高次のエネルギーを利用する技術の情報です。

アメリカの都市伝説系の人で、こういう情報を発信している人の中には、情報開示がすぐに行われるかのようにいう人が多いのですが、時期についてはわかりません。

ごく最近、ここ一万年くらいに地球に来て、今回地上に生まれているスターシードの中には、過去の文明で宇宙テクノロジーを体験していた人が多いはずです。アセンションのサイクルは二万六千年です。地球が深い忘却に沈んだ時期にやってきて、何回か転生を繰り返し、魂のディセンションを果たしました。今世は、自分がもともと何者だったのかを思い出す時期に来ています。

地球人全体がそういう目覚めのゲームをしているのですが、そのゲームの流れでアメリカの大統領選も行われました。

今世界で起きているのは、分離や対立の意識を持つ古い地球人と、自由や調和の意識を持つ新しい地球人の間の陣取り合戦です。暴力か調和か、古い信念と新しい信念が対立して葛藤する中で、多くの地球人が、愛と平和、自由と平等を、個人として主体的に創造することの大切さに気づきつつあります。

古い地球人が行っていたマネーゲーム

地球でのマネーゲームには攻略者がいます。彼らは三次元の世界をコントロールすることでお金をたくさん掴んで、物質的な豊かさを味わうことを追い求めてきました。彼らを動かしているものは、物質的な欲です。

低レベルの波長を含んだメッセージがSNSに蔓延しています。

物欲、金銭欲、名誉欲、性欲、そのほかいろいろあります。その波長に同調すると、自分の小さな欲のエネルギーが増幅されて、やがてそれが思考を乗っ取り、言葉や行動の端々に現れるようになります。そうすると自分がいる世界が、欲のバージョンのパラレルに変わってしまいます。

目に見える物理世界の後ろに、霊的な世界が重なって存在しています。

霊的な世界は、自分の思いが映し出される世界であり、ちょうど、テレビを見ていて、チャンネルを回すと違う番組が映るようなもので、自分がいる世界は、意識の波動に同調して瞬時に変わってしまいます。それをパラレルシフトといいます。

欲の世界は、「足りない」「必要がある」という思いから発生します。

霊的な世界は、自分の本音の思考が現実化する世界なので、欲の思いを出せば、必ず「裁き合い」と「奪い合い」の世界が体験として現れます。

その世界にずっと止まっていると、思考はやがて物質化して、客観的な世界も、裁き合いと奪い合いの世界に変わっていきます。霊界ではその実現する時間が短いというだけで、物質化のメカニズムは霊界でも物質世界でも同じです。

自分が体験している世界は、すべて過去の思いの結果です。自分の回りに起きている現実を変えようと思って、三次元の世界にアプローチしても、永続的に変化させることはできません。外の世界を変えたければ、原因である自分の思いを変えなければなりません。思いを変えれば未来の体験が変わります。

風の時代とお金

ここで、お金や人脈やさまざまな財産を失ったときに、もう一度不死鳥のように立ち上がるための心構えについてお話したいと思います。

誰もが、この三次元の地上で生きるために、できるだけ多くのお金を持ちたいと願います。

一生懸命稼いで貯めたお金を、自分のために使ったり、人のために使ったり、あるいは投資したりして、お金を膨らませたり、萎《しぼ》ませたりします。

お金を手にしたときの行動は、人によって異なります。ある人が投資で一千万円儲けたとして、その一千万円の使い道はさまざまです。

私の場合は、お金を儲ければ儲けるほど、お金を自分でプールしようという気持ちが少なくなりました。周りの人を豊かにしようとか、周りの人との関係を良くしようとか、そういう目的で使うようになりました。

最近は、ミニマリストという生き方を選ぶ人が増えています。シンプルに生きる人ほど、お金を使いません。ミニマリストの中には、定住生活をしない人がいます。ほとんど何も持たないで、身軽になって旅をして、その土地で働いて稼ぎながら暮らすというライフスタイルです。

日本では、巨額の財産を持てば持つほど、重い税金や、規制による縛りや、既得権益などのしがらみがついてまわります。土地やビルなどを持てばそれを管理する責任も出てきます。

これからの風の時代では、これらの関係が変わってくる可能性が高いです。土の時代は、たくさんの不動産を持っている人が偉いと思われていましたが、これからは何も持たずにいろいろな場所を移動して、お金を獲得することよりも、さまざまな体験や経験を獲得することに喜びを感じる人が増えてきます。彼らは楽しく生きることに人生の価値を見出します。

では財産を持つこと、大きなお金を持つことは、古い価値観であり、これから廃《すた》れていく観念なのでしょうか。

土の時代に大きなお金を動かす人は、会社を経営したり、不動産業を経営したりする経営者でした。

これから会社の経営はデジタル化が極端に進むと思います。土の時代に多くの人間が分業して行っていたルーティンワークは全部サーバーの中で自動的に行われるので、土の時代に見えていた仕事が外から見えなくなります。見える世界で人が動く仕事は氷山の一角になり、経営者は管理をするだけになってきます。

ビジネスプロセスの処理は、今までは人間が担当していたので、見える世界で人間の行動がチェックされていました。業務のほとんどが見えない世界で行われるようになれば、人間をコントロールする仕事がだんだん少なくなくなります。

そこにこれまでと同じような形でのお金の動き方があるかというと、すべてがデジタルで行われるので、人をお金で時間や空間に縛りつけることが少なくなります。仕事の対象は最後に残った創造的な活動になりますから、仕事をするにはインスピレーションを受けられることが必須になります。そうなると、仕事自体が創造的な娯楽になるでしょう。お金自体に価値を置くマインドは変わっていきます。したがって、先ほど述べた、一箇所に定住しないミニマリストが持つような生き方との相性がいいわけです。

彼らが求めているものは、自分の可能性を自由に表現することです。結果として、風の時代が進めば進むほど、目に見えない世界の波動と関わるお金の流通が増えてきます。

風の時代になっても、三次元世界の波動と関わるお金は、基本的に何かをなくしたり、ネガティブ想念を吸い込んだり、騙されたり、そういうチャンスに変わるきっかけをつくるものとしては残ると思います。

土の時代には、すべてのものに、価値に見合った値段をつけるという感覚が働いていました。サービスの対価についてもそうです。お金が客観的な価値の物差しとなっていました。

風の時代には、サービス自体とお金のつながりが希薄になります。自分を表現し、体験する楽しみを得られるなら、そこに価値を見出し、当事者同士の合意で、ボランティアで働くことが起きてきます。

お金は動かなくても、愛のエネルギーのレベルでの、互いにバランスの取れた利益の交換がなされます。土の時代でも、社会的にボランティアが担う役割はありましたが、その比重が増えてくるということです。

魂の再生

最後に、改めて、土の時代に私たちが大金を失って悲しい思いをしたり、辛い体験をしてきた理由を考えてみたいと思います。

一つの可能性として、お金に関する体験の触媒となるために地球にやってきた人たちがいるように思います。典型的なのは、お金に関して未熟な人を、悪い体験を通して豊かな人に転換させる役割を担う人です。汚くて、えげつなくて、卑怯なことをして、嘘をつきながら生きていると、波長同通でそういう人に巡り合って、悲観的な体験をするようになっています。

ほかには、小さなエネルギーでも周りの人を幸せにできることを見せる役目の人がいます。さらに、お金を持たなくても、人々のエネルギーを変えられることを示す人もいます。

要するに、物質自体に力はなく、物質を介してその人がどう生きるかが問題であるということを地球人は学ばなければならないのですが、そのためのエネルギーの流れをつくる人たちが土の時代には存在したのです。

これから風の時代になると、そういう初歩的な魂の学習課題は卒業します。自分がどのような目的で地球にやってきたかを理解し、周りの人をどう癒していくかを考えるようになります。

古い地球は、二極性の意識に覆われており、社会のすべての要素がバラバラに分離していました。その根底には性悪説、人間を悪いものとする考えがあり、人々を価値観やルールで縛っていました。これからはワンネスになるので、悪い人の役目を果たす人が必要なくなってきます。最終的には多くの人が悪い体験をしたり悪いことを感じたりすることがなくなります。自由な、規則のない社会になってきます。

土の時代にはお金がなくなったり、自己破産したりする体験がありました。

これからも時代が切り替わる時期には、破産してお金がなくなる人もいると思いますが、時代が進めば進むほど悲観的な体験は少なくなっていきます。

お金を大きくなくす体験は、それまでの自分のやり方を転換するチャンスにはなりますが、それを求めてする必要はありません。

もしそうなってしまったら、どういう役割の人に出会ったのかを知って、どう再生するかを考えるべきです。

何のために、なぜ大金を失ったのか。誰のお金が自分のところに回ってきて、何がどうなったのかを理解した上で、次の新しいステージを見るようにしましょう。

この時代の変わり目に、きれいさっぱりものがなくなったり、手放すことになった人は、この先の時代には「手放したことで成長できた」というステップを踏み、成長した後に新しいものを手にすることになります。新しいものを手にしたときに再生を経験するわけです。

これまで何度も同じやり方で大金を手にしたと思っていたものは、一つの小さな箱庭の中での体験にすぎませんでした。大なり小なり同じことがループして、同じエネルギー体験を再生産していただけだったのです。

再生後は、新しい体験が毎日やってきますが、そこにループはありません。

宇宙や地球は常に変化しています。毎瞬毎瞬、全く新しいパラレルが再創造されています。新しい地球人は、地球の細胞として、新しい宇宙とシンクロして、自分に与えられたミッションを楽しめるようになるのです。

より多くの場所に行き、自由なお金の使い方をして、規制もない、パスポートもない、管理されない生きかたをする方向に変わります。そこで一つ一つの体験をすることにより、気持ちがリセットされ、魂が再生していくということです。

旅に出ると新しい景色に出会い、新しい体験にフォーカスすることでモチベーションが上がります。旅行に限らず、そういう新しい体験の機会を増やせば増やすほど、あなたの人生は豊かに快活になっていきます。

いつまでもお金を貯め続けて、体験すべき体験をいつするのかわからないようなことでは新しいステップを踏み出せません。もし早く体験をしたいなら、お金を使いながらさまざまなことを体験していったほうがほんとうはいいのです。

土の時代には、散々貯めてきたお金が誰かに使われてしまったり、マネーロンダリングや裏金に使われたりした事件も起こりました。そういう古い世界の状況を理解した上で、じゃあもう楽しんで生きようという方向に、多くの人々の意識が変わっていくということです。

これで第1フェーズを終わります。

十分にある

足りないという思いが
あなたを三次元に縛り付けています

龗

おかみ

（水神・龍神）

フェーズ2

愛の循環経済

心の豊かさを求めよ

欲しいという思いの奥にあるもの

第2フェーズに入ります。

物やお金を「求めること」自体は、ニュートラルであり、良くも悪くもありません。一方「欲しい」という思いは、その動機によって、ポジティブなものとネガティブなものの二つに分かれます。

警戒しないといけないのは、「足りない」「必要がある」という思いから出てくる「欲しい」という思いです。

第1フェーズでも話しましたが「足りない」「必要がある」というのは、物事がありのままでは良くないということです。「条件をつける」思いであり「否定する」思いです。日本語では「ケチをつける」といいます。

もしも今自分が創り出している世界が豊かでなく、その世界から離れたいのであれば、まず自分がどういう思いを出しているかを振り返らねばなりません。

わかりやすくいうと、「足りない」「必要がある」という信念を逆転させ「満ち足りている」

「必要はない」という思いに戻ることです。

自分を含めたすべてについて「存在自体を」「無条件で」「ありのまま」受け入れることから始めなければなりません。これを「足ることを知る」といいます。足ることを知った人は欲がなくなるのです。

「足ることを知る」ことができるのはなぜでしょうか。その人はお金があってもなくても、物があってもなくても、愛のエネルギーで満ち足りているからです。「足ることを知る」こと、つまり精神的に豊かに満ち足りることが物質的に豊かになる前提条件です。

自分が望むものが「欲しい」理由を、「(自分が)足りないから」という自分に向いた思いではなく「世界をもっと豊かにするため」という、利他の思いのベクトルに切り替えることで、古いマネーゲームから抜け出すことができます。

「足りない」というのは、自分の現状を否定する思いです。「今のままではいけない」と否定することで、ネガティブな想念エネルギーが創り出されます。世界に向かってネガティブな思いを出すと、世界から同じエネルギーが現象化して戻ってきます。足りないから欲しい、もっと欲しいから欲しい、とにかく欲しいから欲しい、というのは心の地獄です。そういう思いを垂れ流してしまうと、地獄を体験することになります。

お金は愛を循環させる道具

欲がなくなった人が、それでも欲しいものは何でしょうか。自分自身を十分に表現して生きたい、誰かを幸せにしたい、もっと世の中を良くしたいという思いです。その気持ちは、誰の中にも埋め込まれた人間の本能です。愛の本能といってもいいでしょう。

人間が神性に目覚めて、正直に愛の本能に従って行動したら、地球全体、社会全体、コミュニティ全体が調和して平和になります。そうしたら、「やりたくないことをする」努力をしなくても、人様の役に立つ生き方ができます。イエスの言葉で「富む者はますます富み、貧しい者はますます貧しくなる」というのはこういうことです。

なぜそれが欲しいのか。自分はそれがなくても十分幸せだ。でも自分には世の中をもっと豊かにする力がある。それを人々に提供できたら、人々はもっと幸せになる。世の中に喜びや楽しみや生きがいが増える。そういうマインドを自分の中に発見することができるでしょうか。

世の中のすべての人が足ることを知っていたら、ベーシックインカムも効果があると思います。しかし、「足りないから欲しい」という人だらけの地球だったら、ベーシックインカムをやっても失敗すると思いませんか。

貧しさの思いがさらなる貧しさを引き寄せるのはスピリチュアルな法則です。地球人が拝金主義を卒業するにはまだ時間がかかりそうです。

進化した宇宙にお金はないのですが、地球の場合は、お金がない世界に変わる前に、愛を循環させる道具としてお金を使う世界を創るのが良いのではないかと思っています。

地球がお金のない世界に移行する前に、「無条件の愛」の思いで、つまりボランティアで、誰かを助けることに喜びを感じる社会ができるでしょう。

一方で、三次元的なプロトコルもなくなるのではなくて、お金の流れもある。愛の具現化という思いが乗ったお金を回す社会になるといいと思います。それにより、みんなが仕事の本質に気づいていくのではないでしょうか。

日本は実際にそういう社会になりつつある気がします。いわゆる地方創生の文脈でのスモールビジネスや、社会をデザインするためのソーシャルビジネス、都市部でのコミュニティビジネスといった、お金儲けではない、ある種のボランティア精神による社会活動の磁場ができており、その中でお金が回り始めています。

そういうビジネスは、古い地球人のマネーゲームとは違い、社会全体を一つの共同体と考えて、そこに愛のエネルギーを循環させて、人々の心と心をつなぐようなものになっています。やがては、巨大資本の企業の中にも、スモールビジネス的なプロジェクトが無数につくられ、それが有機的につながり、会社の内と外の境界も薄れていくような、そういう経済活動が行われるようになっていくのではないでしょうか。

心の豊かさとは

愛の循環経済を通して、人々は物質的な面で豊かになるだけでなく、心も豊かになります。豊かさとは、お金や物をたくさん持っていて、やりたいことが何でもできる状態をいうのでしょうか。宝くじで1億円当たったとしても、自分の内側が愛に満たされていなければ、心からの満足は得られないでしょう。

誰でも、物質面も心の面でも豊かになりたいはずです。物質的な面は豊かだが心が貧しい人、物質的には貧しいが心は豊かな人、物質的にも心も貧しい人、いずれも理想的な姿ではないように思います。なぜなら、人は神に似せて創られたのですから。

霊的な世界観をもとに考えてみましょう。霊的世界観とは、「人間は魂であり、霊性進化のために、さまざまな知恵を得るために地上での体験をしている」というものの見方です。輪廻転生の目的を考えるなら、心の豊かさが8割、物質的な豊かさが2割といったところが、バランスの取れた考えだと思います。

内なる神性を表現することで、ほんとうの自分に近づいていく。自分の才能を使って世界に奉仕するプロセスの中で、他の人と交流して、魂の喜びを感じる。この物質世界はそのためにあり、お金は自分が多くの人の「心の喜び」をプロデュースする仕掛けの一部でしかありません。

ところで、「銀河の王様」で紹介した『ビルダーバーグ会議』という本には、古い地球の支配者たちの基本的コンセプトは、人口を減らすことであると書かれていました。それはどういうことでしょうか。

彼らにとっては、自分が物質的に豊かになることが何よりも大切なことなのです。この地球の資源は有限であり、誰かが物を得ると他の人の取り分が減る。だから自分の取り分を最大化するように世界をコントロールしなければならないと思っているのです。

彼らが考えた「自分の利益を最大化する」方法が、経済であれば株式資本主義であり、政治であれば選挙民主主義です。その究極の手段が、人口削減なのです。彼らにとっては、地球は生命ではなく物であり、奉仕ではなく搾取の対象です。地球から得られる彼らの取り分を最大化するために、トータルの人口を減らさなければならないというのです。

ほんとうは、私たち人間は地球の細胞です。一つ一つの細胞は全体のために働きます。自分だけ繁栄しようとするのはがん細胞です。

私たちの魂が進化していくと、実際に自然の気持ちがわかるようになります。今でもまれに自然と話ができる人がいます。海には意識があり、浅いところと深いところでは意識が違っています。私たちには、ほんとうは地球意識の一部として地球とつながって、自然をケアしていく責任があります。地球と一緒に生きるようになれば、地球も形を変えて、人間が地球上で生きるために必要な物は何でも与えてくれるようになります。食料の増産などたやすいことでしょう。

人類がアセンションするときに、お金の問題は乗り越えなければならない古い意識の中心的なテーマの一つであり、避けることができません。

グローバリストは、知性は進化していても、はっきりいって霊性が劣っています。物しか見えていないからです。世界を支えている愛の摂理を信じてはいません。

拝金主義は唯物主義からやってきます。私たちは今、グローバリストが決めた思考のテンプレートに従ってすべてを処理する自動ロボットに成り下がっています。彼らが私たちに仕掛けた洗脳は成功しています。

心のふれあい

第二次世界大戦後に、ドイツでルネスピッツという心理学者が興味深い実験をしました。今では許されないような非人道的な実験です。

彼は、戦争孤児を二つのグループに分けて、一つのグループには衛生状態の良い豊かな衣食住の環境を与えました、しかし子ども同士のふれあいや、世話をする大人とのふれあいを禁じました。もう一つのグループは、生活環境や食べ物は最低限の状態にしました。しかし子ども同士のふれあいや、世話をする大人とのふれあいは潤沢に与えました。

その結果、ふれあいをたくさん与えられたグループの子どものほうが、身体的にも情緒的にも成長したのです。一方、ふれあいがなく育ったグループの子どもたちは、半数が二十歳まで生きることができませんでした。

この実験からわかることは、私たちが生きるために必要なものは、物ではなく心のふれあいだということです。

結論からいうと、心がふれあうことにより、愛のエネルギーが流れます。愛のエネルギーは、宇宙でありすべてである神のお体そのものであり、それが三次元に表現された姿なのです。

心がふれあうとは、わかりやすくいうと、互いにむき出しの心で、本心を偽らずに、正直に語りあうことです。それは「今ここ」で感じていることを隠さずに語るということです。どんなに雄弁に語っても、「今ここ」から出た言葉でなければ、そこに愛のエネルギーが乗りません。

ほとんどの地球人は、本音と建前を使い分けています。空気を読んで、言っていいことと悪いことを判断して、自分の本心を隠すので、そのうちに自分の本心がわからなくなります。そういう人は、「ありのままの自分」と「演じている自分」が分裂してきます。

「演じている自分」には生命が宿りません。神は生命であり、神がいる場所は時間と空間が始まる前の特異点です。人間の在り方でいうと、意識が「今ここ」にあるときが神とつながっている状態です。「演じている自分」は「こういうふうに見せたほうがいい」という記憶にアクセスしているだけで実体がありません。

繰り返しますが、自分の本心を表現していないときは、心のふれあいは起きません。人々の間に愛のエネルギーが流れるのは、心のふれあいが起きたときだけです。だから正直さや誠実さや率直さが大切になるのです。そして人は誰かからその存在自体に触れてもらい、認めてもらわないと生きていけません。そのことを知ったならば、お互いの欲求を満たすように行動してみてもいいのではないでしょうか。心の豊かさへの手がかりがここにあります。

心のふれあいは今ここで起こる

心のふれあいが一番必要となる関係は、母親と子どもでしょう。子どもが人間になるために、子どもは母親から無条件の愛をもらう必要があります。必要な心の栄養を十分にもらえなかったときに、発達障害のような状態が起こります。私は発達障害やパーソナリティ障害の多くは、ほんとうの病気ではないと思っています。

一番残酷な親は、子どものありのままの欲求を認めずに無視する親です。

たとえば、算数だけが不得意で、他の科目は得意な子どもがいたとします。ある日彼が算数のテストで二十点しか取れなかった、悔しいといってお母さんに正直な気持ちを伝えました。そのときお母さんは「他の教科が良かったからいいじゃないの。気にしなくていいわよ」と慰めました。ただし、お母さんは、子どもの気持ちには無関心でした。

表面的には、この会話は一見なんの問題もないように思えます。でも、お母さんは「算数の点が悪くて悔しい」という子どもの感情を無視しました。子どもは「今ここ」から正直に自分の気持ちを語りました。でもお母さんは「今ここ」から応えてはいませんでした。結果として、「心のふれあい」は起きませんでした。

「今ここ」にいられるためには、心の余裕が必要です。何かを掴んでいると、心にスペースをつくることができません。掴んでいるものとは、どこかの誰かに教わった「正しさ」や「優劣意識」といった価値観です。

お母さんの本音を覗いてみると、自分の望みを子どもに託して「いい学校に入る」とか「音楽の才能を伸ばす」といった子どもの未来像を描いて、その鋳型に押し込もうとしていたかもしれません。

あるいは、子どもを手のかからない「いい子」にしておきたい欲求を心に潜ませていたかもしれません。「私は忙しいので今は面倒をかけないで」という思いが乗っていたかもしれません。

あるいはお母さん自身が「人間は弱音を吐くべきではない」「不平不満を口にするべきではない」という価値観に洗脳されていたかもしれません。

いずれにしても母親の関心は、「子どものありのまま」を受け止めること以外の何かだったのです。

子どもには母親の本音の思いのほうが伝わります。なぜなら、子どもの意識は半分親の心とつながっているからです。子どもはお母さんがスルーしたことを「悔しいときでも悔しいと思ってはいけない」という人生の教えとして理解したかもしれません。

子どもは無条件にお母さんを愛しているので、自分を殺しても、お母さんのいうことに従おうとします。こうして自分のありのままを否定する精神が子どもに刷り込まれます。

できれば、お母さんは、子どもの「悔しい」という気持ちを受け止めて「悔しかったのね」という共感の言葉をかけてあげるべきでした。でもそれができなかったのです。

愛のエネルギーはどのように生まれるか

「他の教科が良かったからいいじゃない」と言った母親は、子どもに心の病気の問題の種まきをしているという話をしました。

おそらくこの母親も、母親からありのままを認められずに育ったのです。自分が見られたと同じ目で他人や自分を見るので、他者のありのままを認めることができず、自分のありのままを認めることができないのです。

こちらがありのままの世界を否定していると、世界からも否定されることになります。否定するとは、愛のエネルギーの流れを自分で止めることです。愛のある世界に住むためにしなければいけないことは、否定するのをやめることです。

スピリチュアル的な理解を深めて、世界のすべてが愛のエネルギーの現れであり、愛が顕現するプロセス以外の何ものでもないことを受け入れたら、自分の何も変えることなく、今のままの自分でもすでに完全であることが理解できるでしょう。そうすれば、自分が世界に愛を流す媒体となろうと思えるはずです。

誰かがある人に「あなたがそこにいるのを私は知っていますよ」「あなたはそのままで素晴らしい存在ですよ」というメッセージを伝えて初めて、その人は世界に存在できます。「認めたものが創造される」からです。誰かがそれをしなければなりません。

三次元の人間に愛のエネルギーを与えられるのは、三次元の肉体を持った私たちだけです。私たちは、意図をもって愛を生み出す「エネルギー使い」にならなくてはいけないのです。

ちなみに、これは、人間界だけでなく、動物界でも、植物界でも、鉱物界でも、同じことがいえます。愛のエネルギーが流れていないと、自然界が荒れ狂ってしまうのです。ちょうど人間の世界で、子どもの自然な思いを押しつぶした親が、引きこもった子どもに暴力をふるわれる事件が起きるのと同じです。子どもを良い学校に入れるために、子どもの思いを無視して、親の都合のいいように変えようとすることを教育虐待といいます。かぼちゃの魂を持った種子に、スイカになることを強要したら、かぼちゃの種は苦しいのではないでしょうか。

人間が自然と調和することは、自然が持つ心とのふれあいをすることとです。自然も人間と同じように、意識もあるし、自分自身を最高度に表現したい欲求があります。その欲求に寄り添わなくてはなりません。

人間は、自然を自分の都合のいいように変えようとしているのではないでしょうか。植物も動物も意識があり魂があります。自由に自分の個性を表現して生きたいと思っています。遺伝子組み換えをしたり、森林伐採をしたり、人間の都合でコントロールするのは環境への虐待なのではないのでしょうか。人間から自由を奪われた自然が人間に手痛いしっぺ返しをするのは当然のことです。

誰もが心のふれあいを求めている

繰り返しになりますが、心のふれあいとは、「無条件に」「相手の存在」を「肯定」することです。何も評価せず評価もされず、お互いに無防備でいられることが前提です。

誰かに会ったときに、「あなたにお会いできて嬉しい」と伝えることも、相手の存在を認めることになります。言葉にしなくても、会ったときに嬉しそうな笑顔を見せることでもこちらの気持ちが伝わるでしょう。子どもに「生まれてきてくれてありがとう」と伝えることや、お母さんに「産んでくれてありがとう」と伝えることもそうです。「産んでくれてありがとう」という言葉を心からいえる人はきっと幸せな子ども時代を過ごした人でしょう。

会社で「おはようございます」と挨拶をしたり「頑張っていますね」「調子はどうですか」と声がけをしたりするのも、無条件に相手の存在を肯定する行為です。

スピリチュアルではよく「和顔《わげん》・愛語《あいご》・賛嘆《さんたん》」といわれます。穏やかな表情、優しい言葉、褒め言葉のことです。三次元で「和顔・愛語・賛嘆」を表現するときに愛のエネルギーが流れ出し、実在する神に出会うことができるのですから、これはとてもスピリチュアルなことなのです。

古い地球で誰もが渇望して得られないものが愛だったのではないでしょうか。特別なことをしなければなかなか褒められることがなかったからです。

新しい地球は違います。平凡な人でも、魂は無限の可能性を秘めています。その人の状態が今どう見えていようが、その方の神性や可能性を認めて、みんなでその人の花を咲かせてあげようという思いが大事なのです。種は土の中に埋まっています。励ましや褒め言葉や感謝の言葉を投げかけることは、花を育てるために、土に水をかけるようなものです。

その人がどうしようもなくダメな人に見えたら、まだ芽が出ていないというだけのことです。その人はもっと「和顔・愛語・賛嘆」を受け取る必要があるのです。

相手の住む世界の価値観に合わせる

「愛のエネルギー」を効率的に与えるには、相手がそのときに一番欲しい褒め言葉や感謝の言葉をかけることが大切です。たとえば、会社で書類をつくってくれた人に「ありがとう」と伝えるときのことを考えてみましょう。

誰よりも情報を詳しく調べることが得意なAさんには「こんなに詳しく調べてくれてほんとうに助かる！」といってあげる。

とにかく早く資料をつくることが大切だと思っているBさんには「こんなに早くまとめてくれてほんとうに助かる！」といってあげる。

友達との飲み会の約束をキャンセルしてまであなたのために書類をつくってくれはCさんには「プライベートの時間を調整して資料をつくってくれてほんとうに助かった！」といってあげる。

これは、AさんやBさんやCさんの個性を最大限に尊重した対応をしているのです。相手があなたの価値観に合わせるのではなくて、あなたが相手の価値観に合わせるのです。

古い地球人は、なかなかこういうことができません。それは、自分の中で「正しさ」の価値観を掴んでいるからです。

もしも自分が「正確であることが一番大事」という価値観を握って「自分が一番正しい」と信じていたら、でき上がった資料が詳しかろうが、速かろうが、時間を調整してくれようが、つくってもらった資料を評価する気にならないでしょう。そういう思いが少しでもあれば、褒め言葉をかけても嘘になります。本心でない褒め言葉は、相手の心に響きません。

相手を認めるために必要なこと

相手が喜ぶ褒め言葉を与えられるようになるには、まず自分がニュートラルになること、価値観のくびきから外に出ることが必要なのです。

自分自身が価値観を持っていてももちろん構わないのですが、相手の世界観や価値観がたとえ自分の考えと違っていても、その人にとっては絶対的に正しいものであることを受け入れる必要があります。

自分が感じている世界を他の人も感じるべきだと思うのではなくて、そもそもAさんにはAさんの世界があり、BさんにはBさんの世界があり、CさんにはCさんの世界があることを認める。その世界の中では、AさんもBさんもCさんも完璧であることを認める。そういう相対的な見方ができるようになって初めて、自分の色眼鏡を外すことができ、世界を客観的に観察することができるようになります。

そうなるまでは、世界はあなたにほんとうの姿を見せません。

「自分が正しい」と思っている限り「正しくない」ことを切り捨てますので、Aさんがいまどういう状況なのか、何を求めているのか、何に困っているのかといった情報は無視されます。

Aさんが身近にいて、あらゆる情報を発信していても、それに気づくことはないでしょう。でもあなたがニュートラルな意識でいつも「今ここ」にいれば、Aさんの情報が自然に入ってきます。それに気がつけば、Aさんの心に響く言葉をかけることができます。

豊かになるためには、顧客を幸せにする具体的な方策に気がついて、それを事業化しなければなりません。その意味でも、形ではない、誰かが欲しいものを与えることは大事なトレーニングになります。

コントロールされてきた人の思考

誰かに愛を伝えることが、自分が満たされるために必要だという話をしました。自分が与えたエネルギーと同じエネルギーが自分に帰ってくるからです。

与える行為を通して、いつどんなところにいても、自分の愛のエネルギーの量を増やすことができます。それが満ち足りた世界にパラレルシフトするための方法です。

身近にいるAさん、Bさん、Cさんが、たとえあなたの価値観のフィルターを通すとみんな平凡で、つまらない人だと思ったとしても、あなたがニュートラルになれば、相手にとって何が価値あることなのかを理解でき、それを褒めることができます。

ところが、過去に支配的な親や権威者からコントロールされ、プラスの評価を与えられなかった人は、褒め言葉をうまく扱えないことがあります。

①与えるな（相手がほしい言葉をかけてはいけない）**②求めるな**（ほしい言葉を求めてはいけない）**③受け取るな**（ほしい言葉を受け取ってはいけない）**④拒否するな**（受け入れたくない言葉を拒否してはいけない）**⑤自分自身を評価するな**（自分自身に愛の言葉をかけてはいけない）というメッセージを受け取ってきたのです。

支配的な親も、社会の権力者たちも、必ずしも悪気があってそうしていたわけではありません。古い宗教的な価値観からは、それが正しいことだったからです。

禁欲主義や清貧礼賛主義の教えは人間に貧しさを薦めます。

たとえば新約聖書ヤコブの手紙4章8節には以下のような記述があります。

「罪ある人たち、手を洗いきよめなさい。心の定まらない人たち、心きよらかにしなさい。あなたがたは苦しみなさい。悲しみなさい。泣きなさい！　あなたがたの笑いを悲しみに、喜びを憂いに変えなさい。主の御前でへりくだりなさい。そうすれば、主があなたがたを高くしてくださいます」

これは「人間は悪いものだ。自然のままにしておくと堕落するものだ」という「人間性悪説」です。過去世に仏教のお坊さんやキリスト教の修道士の人生を体験して、この禁欲主義・清貧礼賛主義を学んできた人は、今世でも同じ傾向性を根深く抱えています。

修行と称して、自分の存在を徹底的に悪として否定してきた時代があったのです。

かつて、人間に形のレベルで正しさの基準を教なければいけない時代(たとえば、「盗むな、殺すな、姦淫するな」という教えが必要だったとき)には、人間のわがままを抑える必要があったのかもしれません。しかし、現代では、盗まない、殺さない、姦淫しないのはあたりまえです。こういう時代には、「悪い心を止めるために外側の形で縛る」方法は、かえって人間の自由を押し殺すことになります。その結果として心を病む人が増えてしまうのです。

古い教えを握っている人の思考

こういう教えを握っている人は、次のような葛藤を抱えます。

①与えるな

本心ではAさん、Bさん、Cさんの頑張りを認め、褒めたり労ったりしたいと思っているし、しようとすればできるけれども、そういう良い言葉をかけてはいけないと感じます。これは③の「受け取るな」とも関係します。自分が受け取れないものを自分が与えるのは不公平な気がするからです。

②求めるな

本心では、自分がしたことの成果や、自分の努力を評価してもらいたいし、自分の素晴らしいところを褒めてもらいたいのです。でもそれを人にアピールすることは恥ずべきことだと感じます。次のような宗教的な価値観を掴んでいます。人間は謙遜の心を持つことが大事だ。自分を低くした方が神様が喜ばれる。自分の実際の力以上の評価を受けることは増上慢に陥る危険がある。こちらからいわなくても見る人は見ている。出る杭は打たれることになる。

③受け取るな

褒められたとしても「いやいや私などまだまだです」と受け取ることを拒否すべきだという教えです。この教えが入っていると、誰かの好意は断らなければならないと感じます。自己評価が低く、「自分は人から好意をもらえるほど価値のある人間ではない」と思っています。一人で仕事をして大変なときに「手伝おうか」といわれても、「いや大丈夫です」と断ってしまいます。

④拒否するな

悪口や批判などの受けたくない言葉や、欲しくない評価を拒否するなという教えです。自分に対する否定的な評価に甘んじることは、謙遜という美徳であり神様が喜ばれる。人の悪口を耐え忍び、喜んで受け取らなければならない。苦しみに耐えれば耐えるほど、神の評価が高まるという教えです。

かつて中世の修道士は、十字架にかかったキリストの苦しみに倣《なら》って、自己放棄の生活を貫きました。過去にこのカルマを作った人は、今世ではこのカルマをバランスする人生計画を立てているはずです。

⑤自分自身を評価するな

自分で自分を評価すべきではない。自分自身に甘くすることは自分の道徳的成長のためにならない。これも謙虚さという宗教的価値観から出てくる教えです。

あなたの中にこういう思考の回路があるなら、徹底的にそれを書き換える必要がありま す。こういう思考は自分も他人も愛さない（愛せない）行動につながり、心が満たされることはありません。結果的に、地上での愛のエネルギーの流れを止めることになります。

新しい世界を創造する道

あなたが「貧しさを愛する奴隷」の状態にいたければ、「正邪・優劣のある世界の中で、頑張って競争して、戦って、勝ち抜いていくのもいいでしょう。

しかし、別の道もあります。「正邪・優劣のない世界」をみんなで創造する道です。

それには、「今ここ」にいて、自分の本心から正直に他者と関わることです。

自分の中の価値観やイデオロギーにこだわらず相手のありのままを認めること。

相手と一緒に、地上に愛のエネルギーを創造しようとすること。

あなたが意識の持ち方を変えて、毎日出会う人のありのままを認めて褒めることができるようになったら、あなたの魂に蓄えられる愛のエネルギー量が増えていきます。そうすると、古い分離した世界と周波数が合わなくなってきます。

あなたの愛のエネルギーの量がある閾値《いきち》を超えると、あなたの願望が自然に実現する世界に入っていきます。それは、あなたが無限の創造力を持つ神の周波数と同調してきたことを意味します。新しい地球人は自由に創造する力を身につけた人です。だから毎日次のことを実践しましょう。

①相手がほしい言葉をかけてあげる
②ほしい言葉があれば求める
③褒め言葉は遠慮なく受け取る
④受け入れたくない言葉は拒否する
⑤自分自身にも愛の言葉をかけてあげる

愛のキャンドル・サービスを

⑤は、たとえば「自分に毎日『ありがとう』という」「ことあるごとに自分を褒める」「たまには自分にご褒美をあげる」という具体的な行動のことです。これは①〜④の呼び水となります。

まず、自分が評価を得たり、嬉しい言葉をかけてもらったりすることを自分に許可しましょう。

人に与えることに出し惜しみをしないで、見知らぬ人にも「お疲れ様」「ありがとう」「頑張ったね」「楽しかった」「会えて嬉しい」などの一言を愛の思いを乗せて贈りましょう。

自分が誰かに愛を与えたら、与えた自分のほうが嬉しい気持ちになります。愛のエネルギーは、相手だけでなく自分も元気にします。

過去世で修道士やお坊さんだった人が、今世でなかなか経済的な成功を収められないことがあるのは、思いの深いところで、飢餓感があるからです。

不合理な物差しを持ち出して、死後自分を裁く神様がどこかにいると誤解して、自分の本心を無視してはいないでしょうか。

私たちが、互いに愛のエネルギーを自由に交換できるようになったときに、その結果として、三次元での愛の象徴であるお金が人生の中に豊かに循環するようになります。

あなたの目の前のその方が求めている評価を、惜しみなく与えてください。その方のありのままを認めてあげてください。あなたが認めなかったら、一体誰が認めるのでしょうか。

これで第2フェーズを終わります。

褒め合う

人は誰かから存在を
認めてもらわないと生きていけません

癒

フェーズ3

神社と龍脈

グリッドからエネルギーを受ける

龍の道

第3フェーズに入ります。

この章ではエネルギーを体感することの大切さについて考えてみます。

東京の白金台の公園の横にあるさほど広くないある公道が、龍が通る道になっています。これは筑波大学名誉教授の板野さんから聞いた話です。

龍に関係する話としては、龍脈と呼ばれるものがあります。富士山から高尾山を経て新宿副都心に至る巨大なエネルギーの流れがあるそうです。確かに、東京は千四百万の人口を抱える大都市ですから、それを支える自然界のエネルギーが潤沢にないとおかしい気がします。そのエネルギーの支流が住宅街に入り込んでいるのかもしれません。

風水では、山の尾根伝いに流れる大地の気のエネルギーを龍脈といいます。自然の気のエネルギーの流れを龍に例えているわけです。

地球の精霊の意識を四大元素といいます。土と水と空気と火の四つです。風水は、そのうち風と水の自然霊のエネルギーを扱っています。

私たちは、今、地球を物質としか見ていませんが、実は、物質はすべて知性を持つ生命体です。現在、地球上のすべてのものが、知性を持つように変化しつつあります。地球がアセンションすると、人類も自然の英知を活用できるようになるといわれています。

龍は霊界の専門職

龍は、龍脈を通って普通に街中を飛び回っています。龍と日本神道系の女神様は相性がいいようです。霊界の位の高いお姫様が地上に生まれたときに、縁のある龍がその家にやってきて、守護するようになったという話をある霊能者の方から聞きました。

龍が来ると急にその家にはお金が入ってくるようになったそうです。龍にそのお姫様に不自由な思いをさせたくない親心というか、とても人間的な気持ちがあったからだと思います。龍がついた人は繁栄するとか、龍が人間的な感性を持っているというのはどうも事実であるようです。

ある宇宙系のスピリチュアル情報によれば、龍は進化した宇宙種族の一つであり、宇宙的に見れば人間の一種です。彼らの魂は高度に進化しており、身体がヒューマノイド系ではないというだけです。

龍が地球で転生するときは、人間の肉体に宿って人間として生まれます。霊界での体は、お馴染みの龍の姿ですが。

一般に、高次元の霊界は地上と波動が違うので、高次元霊が三次元に降りてくるためには、相当のエネルギーを使って波動を落とさなければなりません。このため、彼らは直接地上に出てくることはなく、中継する霊人を媒体にして、チャネリングで情報を伝えることが普通です。

ところが龍は霊界の次元の壁を超える能力があるため、地上界と霊界を自由に行き来できます。亡くなった方の霊体を乗せて霊界に連れていく仕事もするそうです。

龍が三次元世界に姿を現すときは、水蒸気を動かして雲の形をとって見せます。

自然霊は、分子や原子を結合させる知性を持っています。そこでいう知性は、理性ではなくて、意図の力です。実は、物質にも命があり、自然霊は、分子や原子そのものと同じ存在になることで、自然の知性にアピールします。龍は、人霊であると同時に自然霊でもあるので、四大元素の精霊とコミュニケーションができます。

龍は土の精霊に働きかけて山の形を変えてもらったり、水と空気の精霊に働きかけて雨を降らしたりしてもらったりすることができます。その意味で、龍は霊界での専門職といえるでしょう。

元々は神道系の神々と一緒に地球にやってきた経緯があり、ずっと神道系の神々と一緒に働いています。

神道系の神々には、二つの系統があります。一つは、古代の中国の聖人である孔子や老子などの生命体を中心とするグループ、もう一つは、日本の神である天之御中主命《アメノミナカヌシノミコト》や天照大神《アマテラスオオミカミ》を中心とするグループです。龍神はどちらのグループも支援しています。

中国でも日本でも、龍は神々の一つとして崇められてきました。

神道の神々も龍も、宇宙文明的には陰の文明に属します。陽の文明とは、外側の世界をコントロールする方向で発達した宇宙文明、陰の文明とは、内側の世界を探求する方向で発達した宇宙文明です。地球では西洋文明が陽の文明、東洋文明が陰の文明です。龍は陰のアジア文明に親和性があるので、古代からアジアを拠点に活動をしています。

自然の生命エネルギー

あるスピリチュアル情報によれば、日本の国土は龍がつくったのだそうです。大地の中心である山について考えてみましょう。日本の山には、水源や原生林など深い自然があります。地表の植物には固有の植生があり、さまざまな動物や昆虫が生息しています。地球の生命エネルギーが、鉱物・植物・昆虫・動物の王国に供給され、人間が使える形に変換され、生命エネルギーが循環していきます。

自然界は鉱物も植物も虫も動物もすべてが生命体であり、知性があり、自然の本能に従って、思うままに生きながらも、相互依存して調和を保っています。

地球上の生命エネルギーは、すべて地球のエーテル体である四大元素（水、空気、土、熱）から分け与えられたものであり、その生命体が自らの知性で物質の中に入っていき、物質に活力を与えるわけです。

このように、風水でいう龍脈のエネルギーの源流は、地球の肉体ともいうべき大地の生命エネルギーそのものであり、土地の自然霊が意図することによって生命エネルギーの流れをつくり出し、そのエネルギーを龍や他の神々が利用していると考えられるのです。

神社でお祈りをするわけ

神社や寺院では、お祈りをする人が多いです。目的は、願いを叶えるために祈願をする、お金が欲しいので運気を上げたい、財運を得たいというようなことが多いでしょう。しかし古代の日本では、自然の神に五穀豊穣を祈願することが中心であったと思います。

自然が人間の生命線であることは昔も今も変わりませんが、古代の日本人はそれをより切実に感じていたということです。

日本では、豊作を与えるどうかを、神道の神々が人間たちの心の在り方を見て決めていたと思われます。地上の人間の正しい在り方と、自然の恵みを関連づけることで、人々を教化していたのではないでしょうか。

龍は天候をコントロールすることができます。神々は龍を使って、自然を管理していたでしょう。もしも私が神々の立場であったとして、知的にそれほど開けていない未熟な魂を指導するなら、きっとそうすると思います。

そのときに、霊人と話ができる巫女を媒体として使うでしょう。巫女になる魂は、元々宇宙からやってきた進化した存在であり、高次元の霊界にいる女神の中から選ばれ、使命が与えられて下生することになります。そういうわけで、神道系の女神様と龍はいわば同僚のようなものなのです。

つまり、日本における神社にお祈りをする行動モデルは、稲作の成功祈願の文脈で確立し、そこでは、道徳を教える進化した霊人と、自然霊と話ができる龍の両方が関わっていた可能性があります。

ちなみに、一昔前までは、病気直しも宗教の仕事でした。進化した霊人には、ヒーラー（霊界のお医者様）もいます。あらゆる病気は心の間違いから起きます。神社で人々がお祈りするときに、心身の癒しを与えるというスタイルも、神社でのお祈りの行動モデルの別バージョンだと考えられます。

神々は元々人間であり、地上の人たちの気持ちがわかりますから、人々の願いに対して、どうすることがその人の魂の成長になるのかを考えて対応するわけです。

神社はいらなくなる？

人類の意識があるレベルまで進化して、大多数の人が宇宙と自分の関係に目覚め、外側からの強制がなくても心と行いを正しい方向にコントロールできるようになれば、病気もなくなり、貧困もなくなり、自然環境の不調和もなくなるはずです。アセンション後の地球はそのような世界です。私たちは今、まさにそういう時代の変革期にあります。

では、地球の波動が上がり、霊性に目覚めた人が増えたら、神社はいらなくなるのでしょうか。

おそらくそうはならないと思います。というのは、アセンション後の世界でも、人間の認識力には限界があるので、霊的な世界からの支援が必要であることは変わりません。

大きく変わることは、輪廻転生の目的が、これまでは自分のカルマを解消することにあったのが、もうカルマの解消は必要なくなり、自分の個性を通して愛を具現化し、地球を調和させることが中心になることです。

霊界の専門家との協力関係が成り立つ

現在、神社は、自分のための願いについて、外にいる神々に頼って力を与えてもらう祈りをする場所になっています。

自分のためにする願いを叶えることについて、ギブアンドテイクで見返りを要求する神々もいます。たとえば、「自分の好物のタバコ断ちをしますので願いを叶えてください」「私にとっては大金であるこれだけのお布施をしますので願いを叶えてください」という具合です。

今後、地球が第四密度になると、そもそも神概念が変わります。神は自分の外にいるのではなく、自分の内側に神性として存在することが常識になります。誰もが愛と慈悲という崇高な感情として神性を体感します。自分の中にある宇宙の創造原理を使い、思いと言葉と行動を通してより良い世界を創造しようと思うようになります。

そうなると自分のための願いを発する人は少なくなります。基本的には、無私の思いで、自分ではない誰かのために、神の手足として奉仕するための祈りをするようになります。

そういう人は、「地球を良くしたい」と願う高次元霊と周波数が同調してつながります。

そうして霊界の神々と、地上界の自分の二人三脚で、地上に神の国をつくる仕事を始めるようになります。

霊界には、地上にいたときにさまざまな分野での専門家をしていた霊人がたくさんいます。彼らは地上界の進化のために惜しみなく力を与えてくれます。

アセンション後には、誰でも、目に見えない世界の存在と普通に交流するようになります。神社や仏閣は、霊界のさまざまな専門家に力を借りにいく場所の一つになるでしょう。

ちなみに、祈りと瞑想の違いは何かというと、瞑想は意識を内側に向け、自分の思いをなくして宇宙とつながることであるのに対し、祈りは意識を外側に向け、地に足をつけて三次元で働いて、内なる神性（愛）を表現したいので、力を貸してくださいと目に見えない存在にお願いすることです。

神社には神々への感謝のエネルギーと、人々への奉仕の波動が溢れ、同じ波動の思いが集まることで、その磁場のエネルギーが増幅されます。そういう意味でのエネルギースポットとなるわけです。

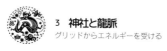

神社のある場所

現在の神社や寺院は、何の理由もなくそこに建てられたわけではありません。地上で誰かが神社の建立を発願して、寄付を集め、宮大工が設計して施工して、というふうに、この世的なプロジェクトとして神社や神殿が建つわけですが、その神殿自体は、霊界で計画されたものです。すでに霊界にあるから、その影として地上界に映し出されるわけです。

霊界で最適な場所が選ばれ、神社を建立する仕事に関わるすべての人に、霊界からの働きかけがあって、地上にその神殿が出現します。

ではなぜその場所が神殿を建てる場所として適当なのでしょうか。日本の古い神社は、超古代文明、レムリアやムーの時代から祭祀に使われ、人々のエネルギーが残っている聖なる場所に建てられていることが多いのです。何千年、何万年、何十万年も前にそこに住んでいた人の想念エネルギーが、その場所に残っています。

なぜその場所が聖なる場所となったのかというと、超古代人は、現代人よりもずっと霊性が高く、霊的な感受性も強かったので、地球のグリッドと共鳴する場所のエネルギーを体感することができたのです。

地球のエネルギーグリッド

ここで地球のグリッドについてお話しします。この内容は、ガイアチャネラーであるペッパー・ルイスの情報に基づく私の解釈です。神社と地球のエネルギーの関係を考える上で参考になると思いますのでお伝えします。

地球はただの石の塊だと思っているかもしれませんが、そうではなく、私たちと同じように生命を持っています。というより、地球上のすべての生き物が、地球の生命エネルギーをもらって生きているというのが正確な見方です。

人間の肉体に重なって複数のエネルギー体があり、その霊的な体を動かすエネルギーがチャクラを通して供給されているというモデルは「宇宙の王様」で紹介しました。

実は、人間も、地球も、宇宙も相似形になっています。人間の身体の外側にエネルギーのラインがあり、その上にチャクラがありますが、地球の場合も同じように、地球の外側にエネルギーのラインがあり、その上にチャクラに相当するエネルギーセンターがあります。センターの下には聖地があることが多く、日本の主要な神社仏閣もこのエネルギーグリッドの下にあります。スピリチュアルでは、富士山や、ハワイの島や、シャスタなどに特定のチャクラがあるという情報がありますが、そういうわけではありません。

人間でも地球でも、世界を経験するときには、外のものを内に入れて理解します。そのときエネルギーは内（無意識）から外（意識）に出て、また内（無意識）に戻っています。

人間は同時に多次元のレベルで経験していますが、チャクラは多次元のエネルギー交換のセンターとなっています。私たちが内から外にエネルギー交換をしているように、地球の周りを上から下に磁力線が流れてエネルギー交換をします。

地球のグリッドシステムは、エネルギーが動くパターンのバリエーションをつくり出します。グリッドが交差するところ、線と線が合わさったところの線の角度はさまざまであり、これにより大地に個性ができます。鉱物、植物、動物、人間の王国のすべてがグリッドエネルギーで生かされています。地球のグリッドは、地球上のすべての生命に関わっており、例えば動物の絶滅にもグリッドエネルギーが影響します。

地上には数多くの聖地と呼ばれる場所がありますが、これはグリッドとの共鳴で起こります。このような場所的な共鳴は、今日ではさほど重要ではありません。統合意識を作った人は、動くヴォルテックスとして、グリッドと共鳴して、エネルギーを引き出すことができます。

グリッドラインの線上にはエネルギーが保たれています。このエネルギーはアクティブで活力がありますが、動いてはいません。そのエネルギーを引き出すには、「自分たちが起こしている」と感じる行為が必要です。つまり、そこからエネルギーを引き出していると思えばそうなります。私たちは、地球のエネルギーに目的を与える存在なのです。

エネルギースポット

龍脈と呼ばれる場所は、太古から地球の生命エネルギーの流れがある場所です。そういう場所で祈れば、エネルギーを受け取りやすいわけです。

地球のグリッドにあるエネルギーが流れていく場所は、自然にできたレイラインだけとは限りません。太古から霊的な活動をしてきた高次元霊が、地上に働きかけるためにその場所に集まって磁場をつくり、そこにグリッドができた可能性もあります。

それぞれの寺院や神社には、その場所に縁のある神様がいます。日本の神社には、神道系の神々が、龍神と共にそこにおられるわけです。

それとは別に、人間が自由意志でマイナスのエネルギースポットをつくったときに、そのエネルギーをバランスさせるために、霊人たちがある場所に集まって、必要なエネルギースポットをつくることもあります。たとえば、アメリカのエリア51の近くにエネルギースポットがあったり、意図的につくられた寺院があったりします。

日本で特異な存在であるのが首里城だといわれています。ある都市伝説では、首里城の周りには地下都市があるといわれています。霊視が効く方が過去の都市を見たのかもしれませんが、太古からそこにはお城があり、その周りには都市があって、その時代の争いの念がそこに残っていた可能性もあります。

首里城は一度再建されましたが、失火で燃えてしまいました。火には浄化の力がありますので、目に見えない力が働いたのかもしれません。

ハワイや沖縄には、人の立ち入りが禁じられた場所があります。霊視の効く人がそこを見ても、霊が見えることはありません。でもそこは聖なる場所とされています。

その場所は、その場所のエネルギーを守ること自体に意味があるのです。その理由は、私たちにはわかりません。たとえば、ある土地には、その土地の精霊、生命体、意識体がいます。その土地がその土地としての使命を果たすには、その土地に根差した、土や、水や、鉱物や、植物や、動物のエネルギーが必要です。

人間が感じ取れる五感の周波数は限られています。目に見えたり聞こえたりすることだけで、自然の中で起きていることを判断してはいけないのです。たとえば、ある土地の一角にある崖をコンクリートで整地すると、そこから何百メートルも離れた場所に昔から咲いていた花が咲かなくなるというようなことがあります。それはおそらく物理的な因果関係による影響よりももっとデリケートなものです。

龍脈とはより大きな自然霊の意志の反映

エネルギーには物理的なエネルギーと霊的なエネルギーがあります。自然界を流れる気の流れは、霊的なエネルギーです。霊的なエネルギーの流れが止まると、その場所は物理的にも衰退していきます。

私たちの肉体には、無数の細胞がありますが、すべての細胞には意識があり、かつすべての細胞の意識はつながっています。一つの細胞が考えたことは、同時にすべての細胞が知っています。つまり、意識はホリスティックです。

自然の中の生命体同士もこれと同じです。

龍脈というのは、ある自然霊の体の中をエネルギーが流れている、その自然霊の意識の流れのことでもあります。その自然霊が、思いを変えた瞬間に、三次元の世界を支える霊的なエネルギーの流れが変わり、その場所にエネルギーがこなくなります。そうすると、その場所には、雑草しか生えなくなるということが起こり得ます。

その自然霊が、ある場所に必要なエネルギーを流すために、そこに特定の種類のパワーストーンが存在することが必要だったとします。パワーストーンは、地球の体の腺です。その場所に自然霊が何万年もかけて、あるパワーストーンを置いたのに、その場所に入ってきた人間に持ち去られてしまったとします。それが元で、自然のエネルギーのバランスが崩れて、環境が荒れてしまうことが起きたりするわけです。そういう因果関係は、私たち人間にはわかりません。

レイラインの存在証明

私たちは、レイラインやグリッドなどは直接感知できないのですが、目に見えないからといって、それがないということにはなりません。

それは、神がいるかいないかという証明の問題にも似ています。神は宇宙のすべての創造主であり、すべての被造物が神の体の中にいて、私たちもその一部であり、愛や慈悲という私たちの内側にある崇高な心情を通して神ご自身を体感できるということになると、私たちが今ここに物質の肉体と意識を持って存在していること自体が、神の存在証明になるわけです。

同じように、古代から重要な場所とされた場所に神社が存在しており、そこに神々がいまして、日々神々と交流する人がたくさんいること自体が、エネルギーグリッドの存在証明であるともいえるわけです。

そして何よりも、私たちが意図することで、現に地球のグリッドラインからエネルギーを引いてくることができ、たとえば体調が良くなったり、心が穏やかになったりすることが、実際にそこにエネルギーがあることの証明になると思います。

フリーエネルギーについては、都市伝説系では、水や都市の形で土地のエネルギーを集約させたり、建物の形を使ってエネルギーを集めたりする宇宙的な技術があるといわれています。

フリーエネルギーといっても、どこかから湧いて出てくるのではなく、その大元は宇宙のエネルギーであり、それはすべてを生かす大宇宙の思いであり愛のエネルギーでもあります。それが現に地球上のエネルギーグリッドを通してすべての生命を存在あらしめているのです。

そのエネルギーをどうやって使っていくのかについては、地球がアセンションした後に、科学者が発見するといわれています。

エネルギーを体感することの大切さ

風の時代で大事なことは体感です。体感というのは、エネルギ―的な感覚のことです。これは霊的に体験することと一緒です。何かを体験すると、そのときに実感したことが、自分の潜在意識に入ります。体験が潜在意識に入ると、体験は自分のものになり、その記憶は、あの世に帰ったときに持って帰ることができます。霊界に持って帰れるのは、霊的なレベルで体験しているからです。

次元移動した人の報告によれば、三次元の肉体はここにいて、霊体だけが別の時空に移動して、その世界をありありと感じるそうです。そのときに体感があるので、体感というのは、要するに、エーテル体やアストラル体などの霊体が感じる感覚なのだと思います。

私は神社にお参りするときも、体感を大事にしています。

神社はグリッドラインと関係しているという話をしました。地球のグリッドライン網をつくるにあたっては、シリウス人が関わっています。都市伝説では、神社の磁場をつくっているのは、大地のエネルギーを発散する御神木の他に、その地下を流れる水脈、その場所を吹く風の方向や、その土地の中に埋まっている鉱石が持つエネルギーなども関係しているといわれています。

鉱石の中でも特に力が強いものをパワーストーンといいます。宝石のようなパワーストーンには、その見た目と同じように美しく高貴な意識が宿り、その石固有の波長でグリッドエネルギーと共鳴することによって、その石が置かれた場所のエネルギー調整をしています。

日本の国土を維持する上で特に重要な石が、翡翠や黒曜石やアメジストであるという説があります。翡翠や黒曜石は生命性に関係し、アメジストは山を安定化させることに関係するエネルギーを持っているそうです。

スターシードが身につけるパワーストーンも、身につけた人に固有の波動を与え、波動をチューニングしてグリッドラインのエネルギーを受け取る媒体になります。地球に奉仕している人の意識は、歩くエネルギースポットとなっている人が多いです。

過去世である寺院やエネルギースポットに縁のあった人が、今世で再びその場所に行くこともあります。

「宇宙の王様」にも書きましたが、二極性を克服して統合意識をつくった人は、地球の表面意識としてエネルギーを調整する役割を担っています。別の言葉でいうと、地球の一部になっています。

地球をヒーリングする人

地球は、自然環境のすべてを与え尽くしており、その上で、何をどうするかを、すべて人間に任せています。

地球の一部であることに目覚めた人は、四大元素の自然界のコミュニティの一員になります。

誰からも何もいわれないのに、地球をヒーリングしなければと思って、毎日一生懸命地球のために祈っている人がいます。その方自身には自覚がないけれども、地球意識とご縁がある宇宙人（スペースエンジェル）であり、ハイヤーセルフがそのような仕事をさせている可能性があります。

そういう方は、龍のように、自然の知性に働きかけて、自然を変化させることもできるようになるでしょう。新しい人類の目覚めが始まっているのです。

神社は、グリッドラインに乗っている場所や、グリッドラインが交差している場所の下にありますが、大きな御神木や深い森があることから、いずれも地球の生命エネルギーが豊かに湧き出ている場所であることが共通しています。

エネルギーワークをするスターシードは、自然にそういう場所を移動して、エネルギーの流れを創る仕事をしています。

神社で行われるエネルギーワーク

グリッドラインからエネルギーを引いてくるためには、体感が必要です。

先に述べたように、グリッドについての大きな秘密の一つは、それが静的なエネルギーだということです。ちょうど電線につながっていない電池のようなものです。グリッドには可能性としての無限の生命エネルギーが存在していますが、エネルギーを引いてくるには、人間のほうが「こうしたい」と意図する必要があります。統合意識をつくった人にはそれができるのです。

知らないうちにガイアに奉仕している宇宙人のように、シリウス出身のスターシードの中には、神社やパワースポットや、自然の中を渡り歩く人がいます。

グリッドラインから三次元の物理的な場所にエネルギーを引いて、エネルギーボルテックスをつくって、自然のエネルギーを調整する役割を果たしています。無意識にやっていますが、実際には、目に見えない世界からの導きがあってしていることです。

スターシードがエネルギーワークをするときは、肉体がその場所に行く必要があります。肉体がその場所にいくのは体感するためです。体感によって自然の中の目に見えない世界を感じ取るわけです。これは人間同士の交流の場合も同じです。

天地の架け橋をつくる人

肉体を持った自分が、その場所で意図して天界に向けて祈りをすることで、高次元の存在が物質界に働きかけるアンカーになります。現在、いくつかのスピリチュアルのグループが、日本各地の神社仏閣に「光の柱」という迷える霊の救済のためのエネルギースポットをつくっているのですが、それはこういう原理で行っていることです。

高次元霊がいくら地上の世界の波動を上げたい、光を増やしたいと思っても、彼らには肉体がないので、それはできません。どうしても、彼らと思いを同じくする地上の人間の物理的な存在のエネルギーが必要なのです。

こういう霊的な真実を当たり前のこととして受け入れられるくらいに意識の高い人間が地上にいて初めてその場所にエネルギースポットをつくることができます。

思いには物理的な力があります。目覚めた人が一人出現したら、その人は動くエネルギーヴォルテックスになります。そういう人が集まる場所にも、光の磁場ができます。そういう人たちが志を同じくして事業をすると、その会社も光の磁場になります。そういう人たちがつながってネットワークができていけば、神社やグリッドラインの物理的、心理的な空間の周りに光のエネルギーがつながってくるということになります。

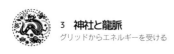

ライトワーカーとして働く

私がこれまでに出した本も、スターシードの意識の波動調整を目的としているので、それを読んでエネルギーを体感してもらうことで、目覚めた人の出会いが広がったり、次の目覚めた人が現れたりする現象が起きています。

頭で理解するのではなくて、全身全霊で読んでいただいて、そのエネルギーを体感してもらうことが大事です。

私の本はなかなか難しいという方もおられます。私の本を読まずに携帯して、自然のパワースポットをツアーで回って、精霊からの導きをもらって、人間と自然が共生する文明の尖兵となる方もいます。要するに私の本もエネルギーなので、読まずに持っているだけでもパワーストーンのような波動レベルの効果があるようなのです。

海外に旅行に行かれる方も、教会や寺院などで、できればその場所の精霊や、サポートしている高次元霊に挨拶をして、光の柱を立ててほしいと思います。ガイアのエネルギーグリッドからその場所にエネルギーが流れ、そこに集まる方が神性に目覚めて幸福になるよう意念して、その場所に光のアンカーをつくってほしいのです。

ただ観光のために旅行するだけでなく、導きによって訪れる場所があります。その場合は直感でそれとわかるはずです。三次元に光を下す媒体として自分を使ってもらい、そこに光の柱を立ててもらうようお祈りをしてください。

霊的な感覚で生きる

エンジェルストーンも、そういうエネルギースポットの実例の一つです。

私は初めエンジェルストーンがどういう場所なのか知りませんでした。吉田所長や板野さんのように、司祭のような動きをしている人が出した本がエンジェルストーンに置いてあったことは後から知りました。

たまたま入ったパワーストーン屋でしたが、そこでブレスレットをつくったことをきっかけに、人と人がつながって、いろいろな流れが出てきて、その中で出版の出会いもあったわけです。

そもそも私がパワーストーンを視聴者の方からいただいたことには、聖霊の導きがあったのだと思います。リペアのために行ってみよう、ちょっと買ってみようと思ったことから、エンジェルストーンが私の体感に入ってきたのです。

自然界も人間界もそうですが、体感に意識を向けることで、アストラルレベルでのつながりができます。アストラルレベルでつながると、三次元ではない動きにつながります。

今後風の時代になると、そういう目に見えない導きによる動きが当たり前になります。

霊的な感覚で生きることを自分に許すと、今まで自分で封印して見ないようにしていたものが見えてくるので、三次元的なことにも理解が深まり、結果として認識力が上がります。三次元での出来事に飲まれて振り回されることなく、俯瞰して物事が見えるようになります。

体感を中心に生きていけば、誰でも見える世界がぐっと広がります。

体感があれば気の流れも感じられますし、人間の人気や活気もわかり、三次元世界での出来事とのつながりもわかってくると思います。

これで第3フェーズを終わります。

体感する

体感を中心に生きれば
見える世界が広がっていきます

華

フェーズ4

宇宙はあなたに応える

ジョウスターの成功法則

認識が実在を創造する

第4フェーズに入ります。

この章では、読者の皆さんが「愛の循環経済」の主体となるために必要な基礎知識をまとめます。

私たちの肉体は、ざっくりいうとタンパク質などの有機物や血液などの水からできていますが、およそ物質は分子や原子などの集まりであり、原子のさらにその先の素粒子の世界までいくと、何もない空間にエネルギーの渦があるだけです。これは量子力学の科学的な知見としてよく知られています。

物質がほとんどスカスカの空間であっても、触れば固かったり重かったりするのは、電磁気の働きによります。私たちの目ではそこまでのミクロの世界が認識できないので、あたかもそこに物質があるかのように思っているだけです。

ボーアやハイゼンベルグ等によって打ち立てられたこの量子的な世界観によれば、ミクロの世界では、前提条件が決まっていても、結果は認識されるまで明らかではありません。

それどころか観察する人間の「認識」によって量子の振る舞いが創造されます。言い換えると、ミクロの世界では「見るもの」（主体）と「見られるもの」（客体）は分離していません。これは、両者は「認識」という意識の作用のプロセスから抽出されたコインの裏表に過ぎないことを意味します。そこにあるものは、物ではなくて、「作用の流れ」あるいは「物質として現れようとしている宇宙自身のプロセス」自体なのです。

繰り返しますが量子の存在や振る舞いは、初めから何か決まったものがそこにあるのではなくて、「見るもの」と「見られるもの」がお互いに作用し合う蓋然《がいぜん》性から確率論的に決まってきます。あたかも、量子に知性があり、人間の意図を受け止めて、その自由意志で動いているかのように見えます。

ミクロの世界ではこのように認識が実在を創造します。

言い換えると「見るもの」である何者かが意図するまでは、対象は物質としては「非実在」であると同時に「あらゆるところにある」無限の可能性自体であり、それが「見るもの」が認識した瞬間に、実在としてそこに収縮したことを意味します。

科学と宗教の関係

物理学での量子的な世界観は、ヴェーダなどのインド哲学や聖書などで伝えられる宗教的な宇宙観と一致しています。カタカムナの宇宙観も同じです。宗教ではより文学的に、神が「光あれ」という「天地創造」の思いを出して「産めよ増やせよ」といったので、人間が世界に今のような形を持って現れたという表現になります。

スピリチュアルではもう少し哲学的な表現になっており、愛であり生命であり摂理や法則自体でもある源の神が、自らの思いでエネルギーの波動を低くして、物質的な三次元宇宙を創造したという説明になります。

最近のスピリチュアルの考えによれば、人間は、神と同じ資質を持つ存在として神に創られたので、愛の本能があります。地球は神の子が愛を自由に表現するための環境として創造されたことになります。

自分自身のことを「物質」だと思っている人にとっては、これはただの物語以上のものではありません。

しかし、物質ができる以前に「意識」という宇宙の特異点が存在し、自分の全存在―魂や精神や思考や肉体——がその特異点から三次元世界に投映されたものであることを科学的な事実だと受け入れるなら話は違ってきます。

自分の意識をその特異点、つまり「今ここ」において、宇宙の一部である自分が「宇宙自身として」「意図する」ことで、三次元の世界を自由に変化させ、あらゆる現実を創造できることになります。創造と言っても、それは普通の人間にサイババのような物質化現象ができるといっているわけではありません。当たり前のことが当たり前に起こる、原因と結果のプロセスを通して現実化されるということです。

ちなみにスピリチュアル情報では、第六密度まで進化した魂は物質化できるそうです。実際にイエスが復活したときは自分の肉体を物質化したとされています。

人類が種として進化すれば、いつかテレポーテーションもできるようになるでしょう。テレポーテーションとは、自分の肉体を原子レベルで分解して違う時空に再投映することです。

なお、自分自身を自由自在に物理世界に投映できるとは、寿命がなくなることを意味します。宇宙において魂が最高度に進化した存在は、肉体レベルでも永遠に生きることができるそうです。

地球の特殊事情

地球の場合、宇宙の他の領域とは少し状況が違います。もともと進化していた魂が、進化した星からやってきて、善悪・陰陽という究極の二元論を体験し、魂を鍛えて、さらなる進化への挑戦をするというコンセプトで創造された星だからです。効率的な進化ができる一方で、闇を体験するストレスで肉体が早く劣化するために、寿命が特別に短く設定されています。

また、転生するときに、自らの自由意志で、過去世の記憶を消してきます。過去世の記憶を持っていると、今回の人生に没入できない、楽しめないからというのが理由の一つです。しかしもっと本質的な理由は、過去世で闇を体験して徹底的な悪人を演じてしまった人でも、全くのゼロからやり直しが効くからということがいえると思います。犯罪者だった過去の記憶があったら、今世更生して真逆の人生を送ることの妨げになってしまうのです。地球では、仮面をつけて一回きりの人生を生き、学習が終わればリセットするので、聖人としての体験も、悪魔としての体験もできるわけです。

肉体を持って修行する星であるとは、強い物質世界のくびきに縛られているということでもあります。

たとえば病気を一瞬で治すような、物理世界を直接いじる創造行為は人間にはできないルールになっています。しかし、心霊治療で器質性の疾患も治ることはスピリチュアルの世界では知られています。イエスも心霊治療をしましたが、そのヒーリングは人間として行ったことではありません。天界の医師の力が働いていたのです。

人間である私たちがこの三次元で創造するときは、人間の世界でのプロトコルに従う必要があります。人間のプロトコルとは、仕事能力を高めるとか、真面目に働くとか、家族を養うとか、信義側という取引上の社会通念を守るとか、公序良俗に反しないことなどです。豊かになるために不正は許されないし、魔術的なこともできません。それは本人の魂の進化に役に立たないからです。

ただ、地球がアセンションして、物理世界が精妙な波動に変化すれば、今よりも寿命が伸びるといわれています。

夢を描くこと

人間的なプロトコルを守って創造するには「夢を描くこと」です。夢を描いて、思いを持ち続けて、この世的な努力を続けていくことで願望を実現できます。

まず自分の意識を「最も理想とする十年後」に飛躍させてみてください。続いてそこから意識を徐々に逆行させて、「一年後」さらに「一日後」をイメージしてみましょう。これは、「銀河の王様」でも紹介した、願望実現のための定石です。

魂は十年先の青写真を知っています。バシャールが「ワクワク」することをしなさいというのは「夢を描く」ことの一部です。ワクワクの気持ちがあるのは魂が「そっちの方向だよ！」といっているのです。

ポイントは、今の状態から未来に向かってステップアップする道筋を描くのではなくて、いきなり理想の状態に飛躍してそのビジョンから逆算することです。

自分の理想とする仕事をしている人の真似をすることも役に立ちます。会社の先輩でも、有名人でも、ロールモデルになるような人がいたら、自分がその人のようになっている未来を思い描けば、それが「未来を現在に呼び込む」行為になります。

今の状態は、過去の状態の続きですから、常識に囚われていてはこれまでと同じことしか起こりません。現在の状態は、要するに、頭の中に溜め込んできた色々な制約やしがらみの結果です。しかし頭に刷り込まれた「不合理な規範」を自分では意識していません。過去の記憶に邪魔されずに、新しい現実への道筋を描くためには、思考ではなくて直感で魂の声を聞くことが必要です。宇宙からのメッセージを、体験や感情や純粋な思考によって受け取ることが大事です。

パラレルを移動する

先ほど述べた「認識することによって世界が創造される」という考えは「波動の収縮」という量子力学のコペンハーゲン解釈と呼ばれるものです。これは認識主体に重点を置いて宇宙が創造するプロセスを説明したものです。

よりマクロ的な観点からの説明としては、エベレットの「多世界解釈」があります。多世界解釈とは、宇宙で生ずるすべてはミクロのみならずマクロにおいても確率的であり「起こりうるすべての可能性は同時に存在する」という仮説です。要するにすべての可能性がパラレルワールドとして潜在的に存在しています。そして、意識は時空を超越して他の並行世界に飛躍することが可能です。

スピリチュアルでは、パラレル世界に移動する方法として、自分が望む状態を明確に思い描いて、それがすでに叶ったことを感情でありありと体感することでそれが起こるといわれます。創造において感情や体感がポイントであることは「銀河の王様」でも触れました。

パラレル移動は瞬時に起こります。新しい現実を体感したときに、すでに別のパラレルに飛んでいます。ただしそれが物理世界に反映するまでには時間がかかります。現実は三次元的なプロトコルに従って展開していくからです。

パラレル移動しているかどうかは、過去に起きたことが再び起きたときに、それに対する心理的な反応が変わっているかどうかを確認すればわかります。たとえば以前ある人に感じていた反感をもう感じなくなっていたら、あなたは別のパラレルに移動したと考えて良いのです。

宗教は科学によって置き換えられる

並行宇宙に移動するとは、これまで宗教で語られてきたことを科学の言葉で語っているのです。宗教の言葉では、神や精霊という不可思議な存在が奇跡を起こすというファンタジーになります。

実際には、意識が宇宙の創造原理を働かせています。意識をうまく働かせるために、宗教においては「信仰」が必要でした。量子的な説明ができない時代は、宗教の恩恵を受けられるのは、奇跡を信じることができる幼子のようにナイーブで純粋な人だけでした。

ところで、私たちの多くは、平凡な毎日を過ごしていると思っています。人生なんてそんなものだという信念を持っています。

科学の言葉を使えば、私たちは「平凡な」体験を創造する「在り方」を選択して、自分のために宇宙全体を動かして、毎瞬、現に自分をこの在り方で世界に存在させる奇跡を起こしています。

「平凡な」人生だから創造するのがたやすく、「ドラマチックな」人生だから創造するのが難しいということはありません。どのパラレルを選ぶのか、どういう体験をしたいのかを意識的に選択できるようになれば、何の努力も必要としないで、ちょうど「平凡な人生」を創造するのと同じくらい楽に「エキサイティングな人生」を創造できます。

科学の文脈を貫くならば、豊かになるとか、成功することは、自分の「意識」と、人間界の「プロトコルに従った活動」だけで成し遂げられるということです。諸天善神などの神々に頼る必要はどこにもありません。

神々とのつき合い方が変わる

従って、アセンション後の世界では、神々とのつき合い方が変わってきます。神々は人間より上の立場にいる存在ではなくて、進化の程度が少し進んだくらいの先輩でしかありません。

私たちが人間として地上世界にいるときは、認識力が限られ、霊的に妨害をする闇の存在もあるので、神々からのアドバイスや、エネルギー的な支援が必要となる人もいます。でもどうでしょうか、「宇宙の王様」や「銀河の王様」そして本書の内容を読まれた方は、魂とつながるので、もう霊的にも自立することができるのではないでしょうか。

「地球を愛の星にする」という神々の理想を自分の理想として、ハイヤーセルフと一緒に新しい地球を共同創造することで、神様の事業の一翼を担うことができます。「宇宙の王様」

でも「銀河の王様」でもそういう話をしてきました。

地上で生きている間に、自立して根源の神とつながって、神の思いを思いとして、神々の手足として働いていた人は、あの世に帰ってから、八百万の神の一柱になります。

皆さんがこの本のタイトルを見たときは、金龍の守護をもらって、豊かな財運を手にする方法が書かれていると思われたかもしれません。しかし、考えてみていただきたいのです。地上での人生は、仮面をかぶってほんの短い時間演じている劇のようなものです。豊かな財運それ自体にどれだけの意味があるでしょうか。成功の要諦は、どれだけ愛の表現者として、身近な人々に、社会に、地球に貢献できたかということです。

あなたにはあなただけしかできない能力があります。その力を、世の中をもっと平和に、もっと調和に満ちた豊かな場所にするために使えるかどうかが問われています。

古い地球のしがらみを断ち切ることはそう簡単ではありません。既得権益を壊そうとすれば、当然、反対勢力があなたの活動を妨害するためにやってくるでしょう。

自分が豊かになるために金運を求める人のところには、サタンはやってきません。そういう人は彼らの脅威ではないからです。私心なく地球を愛の星にするために本気で動いている人が目障りなので、そういう人を妨害するためにやってくるのです。

そのときに、神々にお願いして乗り越える知恵をもらい、龍神に守護を求めて困難に立ち向かうのは理由のあることです。龍神の使命は地上に降りた神の使者を守ることだからです。あなたが神の使者として認められなければ、龍神が守ることはありません。あなたが神の手足として動いていれば、望まなくとも龍神が守ってくれるでしょう。

龍神がそうしたいと思えば、あなたを大金持ちにすることもできます。でも龍神にそうしたいと思わせるようなあなたであるかをまず考えてみてください。

日本人全員が神であることに目覚められるように、あなたにもあなたができること、あなたしかできないことを始めてください。あなたが日本のために、地球のために動き始めたとき、宇宙があなたを押し上げてくれるでしょう。

自分にしかない才能を生かす

新しい地球人は、自分のことを肉体ではなくて魂、つまり個性ある愛のエネルギー体であると自覚しています。みんながアストラルレベルでつながって「すべてが一つ」であることを体感するようになります。

古い地球では、個人がバラバラに分かれ、社会システムがヒエラルキー構造になっており、世界を調和させるには、外側の規範でコントロールしなければなりませんでした。

新しい地球人は、集団意識として存在し、同じ目的を共有するメンバーが、ちょうどサッカーチームのように、それぞれ自律的に動いて、全体で調和を表現することに喜びを感じるようになります。

すべての人が、ジグソーパズルのピースのように、誰とも違っていながら、その人がいなければ全体が完成しない、かけがえのない存在です。神はすべての魂にユニークな才能を与え、それぞれの才能に対応するニーズを世の中に創りました。

私たちは、自分の才能を発見して、それを必要とする人に提供することで、世界の中で居場所を持てるように創られています。他者に奉仕して「ニーズを満たす」ことで喜びを感じられるように、あなたの神性の中に愛が本能として埋め込まれています。

自分にしかない才能を発見するには、次の二つの質問をすればいいということはすでに述べました。

一つは「有り余るほどのお金と時間があったとして、あなたは何をやりたいですか」

もう一つは「あなたが一番人類に対して貢献できることは何ですか」です。

ぜひご自分にこの質問をして「自分が生まれた目的」を思い出してください。

スピリチュアル界隈《かいわい》では「人生に目的はない」とか「楽しむことが目的だ」と教える人もいます。それに心から共感できるならば、もちろんその考えを採用しても構いません。人生の目的は自由に決めていいのです。

ただここで強調したいことは、人間は誰でも、全体の生命に奉仕することに喜びを感じるものだということです。自分の「才能」を通して世界に貢献することが生き甲斐になるのです。

願望のパワーを使う

全体の生命に奉仕することは、自分の才能を生かして、人々のために、物事を具現化することで実現できます。したがって、新しい地球人は、愛のためにする創造の力を磨く必要があります。

創造の力とは、「念力」のことです。といっても、ユリ・ゲラーが念力でスプーン曲げをしたような、一点突破の集中力のことではありません。「今ここ」で「意識的に」「意図」と「願望の力」を使うことです。量子論的には「意図すること」で誰でもが宇宙の創造プロセスを起動できます。

宇宙の創造原理を働かせるためには、まず願望を潜在意識の中に埋め込みます。それには、意識が過去でもない、未来でもない、「今ここ」の一点にい続ける必要があります。「今ここ」にいるためには、エゴの思考を停止させねばなりません。エゴは「自分とは何者か」を追求する左脳の思考です。エゴは四六時中「自分」のことを考えています。

一方、右脳的な直感は、宇宙に偏満する純粋意識の尖兵としての自分を理解しています。「今ここ」とは「右脳モード」のことでもあります。完全な右脳モードにいるときは、時間の感覚はなく、あらゆることが興味深く、あらゆることがはっきりと認知でき、気がつくと何時間も経っていたりします。思考は常に過去か未来のことを考えますが、右脳モードは思考ではないので、感情や体感しかありません。

右脳と左脳が協働しているときは「今ここ」で体感していることを、何の思考の判断もせずに表現することができます。そのとき意識は思考に同化していません。「今ここ」の意識で、願望を「意図し続ける」と宇宙の創造原理が働き始めます。「意図し続ける」ときに「今ここ」から離れてはならず、余計な思考を出してもいけません。結果に対して執着を持つことも雑音になります。

願望を叶える道筋などの細かいことは宇宙に任せます。

このように自分の願望の種である思考エネルギーを潜在意識の土壌に蒔いて、「意図」の力で根付かせることが「願望のパワーを使う」ことの意味です。

「今ここ」にいるための方法

エゴの思考から離れる一番簡単な方法として、「内なる心を楽しませる」ことが挙げられます。日常のこまごましたことに幸福を見出すように努めて、心の平和を取り戻すというやり方です。

やかんのお湯が沸いたときには、それに幸せを見出すようにしてください。隣人が庭の手入れをしているところを見たのならそれに興味を持ってください。出会う人々に微笑みを持って挨拶し、自分自身にも微笑みかけるようにしてください。自分の外観に誇りを持つようにしてください。あなたが女性ならば、自分の一番良い服を着て、楽しい音楽に耳を傾けてみてください。少しお化粧や身づくろいをして、旦那さんのために美味しい晩御飯をつくってあげてみてください。あなたが男性なら、奥さんや子どもさんのためのお菓子などを買って帰り、もっと家庭の幸福にたっぷりと耽《ふけ》ってみてください。

日常の出来事のどんなことにも「内なる心を楽しませる」ことを心がけていると「今ここ」を感じることができるようになってきます。

ニュートラルになる

「意図」という願望の種を潜在意識の中に埋めると、さまざまな形で宇宙からのレスポンスが来るようになります。そのときに意識をニュートラルにしていると、創造的な考えが降りてきます。アイデアやインスピレーションが次なる行動の種になります。

インスピレーションを受けるためには、外に向いていた目を内側に向けることが必要です。そのためには、毎日一定時間、沈黙の時間を取って、思考から離れ、自分の心に注意を向ける習慣をつけることが大事です。

心がニュートラルで平静でないと、インスピレーションを受け取れません。それには、あらゆることに関して「判断しない」ことが大事です。

思考から離れてニュートラルになるためには、グラウンディングも大事です。機会があれば自然の中に入って、自然に触れ合うようにしてください。そのときに、意識を仙骨のチャクラに置いて、地球の中心と仙骨がエネルギー的につながることを体感すると、頭にあった意識がハートのほうに下がってきます。

意識が頭にあると、思考が意識を主導してしまい、平静な心ではいられません。意識を身体の下のほうに持ってくると、思考が鎮まり、創造的な考えが降りやすくなります。

宇宙の流れに乗る

願望を実現するとは、宇宙と一緒に創造することです。そこにエゴが入る余地はありません。自分の願望も、宇宙自身の願いでなければなりません。言い換えると動機が愛であるということです。

愛を知的に理解して「良いことだからする」という動機は、それが倫理的に正しいことであっても、単なる思考であって、愛ではありません。愛とは、ハートの奥から自然に流れ出る、やむにやまれぬエネルギーのことです。

思考は観念であり、愛のエネルギーは実在です。実在するエネルギーだけが創造の種になります。なぜならそれが宇宙の心だからです。

宇宙がそれを望んで宇宙が動いたから、私の心から愛が流れ出したのです。そのうずきは神のものであって、自分の思考がつくったものではありません。

初めに宇宙の思いがあって、三次元の物理世界に出来事が起きてきます。

起きてくることはすべて宇宙が自己展開するプロセスです。起きてくることに良い悪いはありません。出来事はただ起きています。だから「あるがままに受け入れる」ことが必要なのです。

あるがままに受け入れるとは、決して防衛せずに、償いや補償などのこの世的な責任を取ることを含みます。

すべては原因と結果で起こるので、自分の身に起きたすべてのことは自分に責任があります。誰かのせいにすることはやめましょう。誰かのせいにするのは自分を被害者とすることです。認めたものが現れるので、自分を被害者とするとその意識を原因として次の問題が起きてきます。

今の時点では自分が望まないことだとしても、より良い結果をもたらすための学びの過程として起きていると理解して、その出来事をさらなる飛躍のチャンスに変えるようにしましょう。

不確実性の英知に委ねる

願望を具現化する心構えは三つあります。「一歩踏み出す」ことがその一つ目です。ニュートラルな状態でいると、創造的なアイデアが降りやすくなるといいました。創造的なアイデアを実際に行動してみることが、宇宙の流れを引き寄せる呼び水になります。小さな一歩でいいので、とにかく動き出すことで、願望の具現化が始まります。

そのときに肝心なのが、「足りない」「必要だ」という欠乏の意識を手放すことです。「欠乏の意識」は古い地球人が自分で自分を縛っている幻想です。

お金がなくても一歩は踏み出せます。学歴がなくても一歩踏み出すことはできます。経験がなくても「最初の一歩」は踏み出せるでしょう。

矢沢永吉が初めてお客さんの前に立ったとき、全く経験がなく素人同然だったのだそうです。おかげでお店のオーナーから「歌えると嘘をついたな！」と叱られたけれども、全く気にしなかったそうです。誰だって初めは素人です。思いの中に「それがしたい！」という強い願望があるならば、やがて誰もが見上げる巨木になるということです。矢沢永吉が見ていたものは、目の前のオーナーではなくて自分の未来でした。彼は自分が人々を熱狂させる歌を歌えるようになることを知っていました。歌が下手な現状の自分を見なかったのです。

願望を具現化する心構えの二つ目が「未知のものに足を踏み入れる」ことです。

既知のものは、誰かがどこかでやって成功していることです。常識は過去の記憶です。思考のレベルで思いつくことは、必ず過去の繰り返しです。宇宙は過去の再生産に甘んじてはいません。

宇宙からの創造のインスピレーションは、魂レベルのうずきとしてやってくるので、必ず常識を超えています。常識を超えた未知のことをするには不安があります。しかし自分の内側に問いかけて、それが宇宙から来たインスピレーションであることを確信したなら、その不安を乗り越えてやってみようと覚悟を決めることが必要です。これを「不確実性の英知」といいます。

無限の可能性は「不確実性」の中だけにあります。確実性の中からは過去の焼き直ししか生まれません。宇宙はそれを望んでいません。

願望を具現化する心構えの三つ目は、「問題をチャンスに変える」ということです。出来事自体に良いとか悪いとかの意味合いはありません。出来事に意味を与えるのは自分です。一見悪いことが起きたように思えることでも、認知のスキームを変えたら良いことに変わるものです。これを「ポジティブ思考」といいます。

たとえば、ある政治家が、メディアの宣伝を信じてワクチンを打ったら、免疫が弱まりがんにかかって死にそうになったとします。それ自体は「よくない体験」ですが、その体験がなければ得られなかった知見をたくさん得ることができ、それでその方の政治活動に一本筋が通り、多くの人と連帯できる機会ができたとすれば、その問題がチャンスに変わったということです。

視点を変えることで問題をチャンスに変えることができます。

原因と結果の法則を活用する

宇宙の流れに乗るときに、大きな方向性のスキームは「不確実性の英知」に委ねますが、日々の仕事は具体的な選択の連続になります。そのときに、大事なことはすべての行動を「意識的に」選択することです。

「意識的に」というところがポイントです。よく考えてみると私たちの運命を決めているものの多くは、意識せずに起こる「自動思考」です。「自動思考」が働くときは、「今ここ」にいません。脳が判断するエネルギーを節約しているのです。そのときに脳の中で働いているのは、過去の重要な人、親とか先生とか、先輩との関わり合いの中でプログラミングされた思考です。

「自動思考」は無意識のうちに起動するので、「原因・結果」の法則により後で「望ましくない結果」が起きたときに初めて原因となった思考に気がつくことになります。その「自動思考」が自然な人間性にそぐわない信念であるときは、それはうつなどのメンタルな病気になってからわかることになります。

そこでお勧めしたいのは、常に「今ここ」にいて判断をするために、ことあるごとに意識的にハートに聞くようにして、直感に従うことです。何かの行動を起こすとき、判断に迷ったときには、頭で考えるのではなくて、身体の声を聞くようにします。

イエスかノーかの二択で回答できる「これをしたほうが良いか、しないほうが良いか」

という質問をハートに向かってします。答えは身体の感覚でやってきます。心地良いならイエス、不快ならノーということです。

「自動思考」はカルマと関係することがあります。カルマとは転生の中で魂に焼きついた思いの傾向性のことです。いつも同じ間違いを犯してしまうときはカルマが関係している可能性があります。

豪華客船のような大きな船が方向を変えるには何キロも進まなければならないように、カルマとして持ってきた思いはなかなか修正できません。今世で新しい良いカルマをつくれるように意識的な選択をし続ける必要があるでしょう。いずれにしても、今この時を過去のカルマを解消するチャンスとして捉えることが大切です。

「自動思考」を書き換えるには「内省」が必要です。自分の行動、身体の状態、感情と思考を俯瞰して観察して、適応的な思考に置き換えることです。

内省をする手がかりとなる視点については、次のフェーズで詳しく紹介します。

与えることで受け取る

最後に特にお金の面で豊かになるための意識の持ち方について触れたいと思います。

まず、豊かになるための意識の一つ目として、サービスの報酬は気兼ねなく受け取ってください。お金が象徴しているものは、愛と感謝のエネルギーです。お金はエネルギーなので、エネルギーを循環させることでお金も循環します。

愛のエネルギーは自分の心の中のうずきから始まるといいました。あなたがそのサービスを提供したいと思うのは、社会のどこかにそのサービスを求めている人がいるからです。その人はあなたのサービスを必要としていました。お金とは、愛と感謝のエネルギーの循環を三次元的に表現したものです。だから自分が与えたサービスの報酬を気兼ねなく受け取っていいのです。

豊かになるための意識の二つ目は「与えることに喜びを感じる」ことです。それは「与えられる自分であることへの感謝」の思いでもあります。

人に与えることができるのは、与えることができる何かが自分の中にあるからでしょう。考えてみてください。自分が今持っているものは、すべてが誰かからもらったものであるはずです。自分が生きているのは、自分で生きているのではありません。心臓を動かしているのは自分ではありません。肉体生命も、魂さえも、自分のものは何一つありません。

そんな自分が人に与えることで喜んでもらえたら、それは有難いことです。人間はそのように創られているのです。与えることは「与えられていること」に対する感謝と報恩の行為なので、与えたときに愛のエネルギーが与えられます。

お金を豊かに得るためのポイントの三つ目は「自分が欲しいものを与える」ということです。これを「黄金律」といいます。もし自分が感謝を欲しければ人に感謝する。評価が欲しければ人を評価する。優しくして欲しければ人に優しくする。豊かになりたければ人を豊かにすることを考えれば良いのです。

宇宙には「波長同通の法則」「作用・反作用の法則」「愛の循環の法則」があります。与えることで受け取るのは宇宙の法則です。

お金を豊かに得るためのポイントの四つ目は特に「無形のものを与える」ことです。誰もが「あなたがそこにいることを知っていますよ」という認知を渇望していることはすでに述べました。物質的な豊かさは、心の豊かさの後にやってくるものです。ぜひ「相手が欲している言葉を与える」ために心を砕いてみてください。あなたの体験する世界が変わってくるはずです。

これで第4フェーズを終わります。

パラレルワールド

すべての可能性が
潜在的な現実として存在しています

再生と創造

フェーズ5

三次元の課題を乗り越える

否定的な感情と思考に向き合うには

人生の初期設定

第5フェーズに入ります。

私たちには誰でも、独自の人生の初期設定があります。親や家族などの生育環境です。よく、「親ガチャ」といわれますが、スピリチュアルな真実としては、自分の人生ドラマの登場人物は、自分がシナリオを書いて、プロデューサーもしているので、「偶然にこの親の元に生まれた」ことはありません。それがどんなに異常な、過酷な環境であっても、それは、今世で体験しようとしてきた計画の中に織り込み済みです。

女性であれば、容姿も幸福感を左右する重大な要素ですが、どういう姿形の肉体で生まれるかも、魂が主導して自分で設定しています。自分の設定にふさわしい遺伝子を持つ両親の元に生まれています。女優のような特殊な仕事をするシナリオになっているのでもない限り、普通はあまり美しすぎない容姿を選びます。

男性の場合は、頭がいいとか、体力があるとかという遺伝的な要素が問題になりますが、いずれにしても、今与えられている特質は、自分自身の魂が今世で体験したかった（させたかった）条件なのだという理解が大切です。

その意味で、一見不条理や不公平のように思えることでも、自分にとってはベストの条件であることをまず受け入れる必要があります。与えられたものを前提にして、そこで何を体験するかを考えるところから、自立した人生が始まります。

メンタルヘルスの課題

私たちの多くは、パーソナリティ上の課題を抱えています。たとえば「見捨てられることへの不安」とか「仲間に入ることができない」といった、主に親や先生などの、小さいときに重要だった人との関係でつくられた心理的なプログラムです。

これらのプログラムは、一言でいえば、自分の自然な「在り方」や「行動」を否定する自動思考です。本来は、魂のうずきをそのまま表現するのが望ましいのですが、それができなくなるので、当然人生は前に進みません。人生の舵を自由に切れなければ、豊かになる道を選べません。

また、私たちの多くは、ネガティブな感情からくる問題を抱えています。怒りや悲しみや恐れの感情は、それ自体は自然なものなのですが、それを見ないようにして違う感情に置き換えると、その感情が他者に投影されて、対人関係における心理的なしこりとなって、理性的で合理的な判断を狂わせます。

自分の中にある感情をコントロールできなければ、意識をニュートラルな状態に置くことができず、結果として創造につながるインスピレーションを受け取ることができません。パーソナリティや感情の問題は、メンタルヘルスにも関係する話です。これはこの章で後ほど扱います。

光を増やすという目的

自分の魂が望んでいることは、地球での体験を通して霊性を進化させることです。これはスピリチュアルな真理を受け入れた人にしか持てない視点だと思います。

霊性を進化させるとは、イメージ的にいうと、自分の光のエネルギー量を増やすことです。神は愛のエネルギーですが、愛のエネルギーとは、科学の言葉でいうと光です。

神自身は、完全に「潜在的な存在」です。意識がそこに光を生み出します。生み出された光は、波動でもあり粒子でもあるので、そこに存在性を備えています。

現象の宇宙には、目に見える物理世界と霊的な世界があり、物理世界は三次元的な物質でできており、霊的な世界は光でできています。霊的な世界は、神に近づけば近づくほど光の量が増えていきます。究極の世界には、神のような存在がいます。すでに肉体を持たない巨大な光のダムのようですが、それでもエネルギー体として自分を表現しているので、神ご自身ではありません。

すべての魂は、完全に潜在系である神が、今ここで、意識を持って現れているものです。だから、誰の中にも、進化する欲求が埋まっています。永遠の時間の後には完全に神自身を表現する存在になるのです。

このように、魂レベルでの願いは、本来「神自身を体験すること」であり「体験量を増やすこと」でありそれは結果として「光のエネルギー量を増やすこと」と同じです。光のエネルギー量を増やすためには、愛を表現して、愛を知ることです。

愛をほんとうに知るためには、愛でないものを体験しなければわかりません。体験するためには、二極に分かれた相対性の世界がなければなりません。それで、物質次元がある宇宙の星にはすべて二極性があります。地球では特にネガティブな要素が多いのですが、その理由はルシファー・サタンが磁場をつくっているからだというのは「宇宙の王様」「銀河の王様」で説明しました。

地上にいると、ともすれば物質の世界がすべてだと思って、自分がエネルギーであることを忘れ、光の量を増やすという地上に生まれた大きな目的を見失ってしまいます。

光を増やすためには、まずは「足ることを知る」課題をクリアする必要があります。これはすでに第2フェーズでお話ししました。

豊かになる道を閉ざす狭い意識

私たちは地上で生まれ育つ中で、相当に波動を落としています。波動が落ちた状態で豊かさを追求しようとすると、行動にかなりの歪みが出てきます。

要するに、不足意識、優劣意識、分離意識、排他意識などのネガティブな要素を増幅し、相手を加害者、自分を被害者と考えて双方にマイナスの感情を増やしてしまうのです。

そのために、古い地球人の教え、たとえばキリスト教や仏教などでは、「霊性の進化」の課題を優先させて、「豊かさ」の要素をあえて除外する戦略が取られてきました。それは一つの方便です。ほんとうは、神が豊かなのですから、人間も豊かな状態を表現することが自然なのです。

地球人が古い意識を乗り越えて、「自分と他人は別れていない」という「自他一如（ワンネス）」の感覚が当たり前になれば、「自分であるみんなが豊かになる」ことを願うようになります。

今はまだ日本ではワンネスではない人が多いですから、誰かが豊かになれば誰かが貧しくなると信じているため「自分だけが豊かになろう」とします。同時に「自分が貧しくなるのは嫌だ」「他人が自分だけ豊かになることは許さない」と思います。嫉妬の思いです。その貧しさの集合想念が、みんなが豊かになることへの障害の一つになっています。

豊かさとは、単に物質的にお金を増やすことではなくて、エネルギーとして、神の全人格的な表現の一環として、みんなが豊かさを共有することを意味します。そのためには、個人的にも集団意識的にも、クリアしなくてはいけないハードルがあります。

貧しさの集合想念の中にあってその波動を超えるには、自分が「特異点」になり、そこで小さなビッグバンを起こし、豊かさの波動を持つ自分の宇宙を創造すればいいのです。これが、私が考えている地球の波動を上げる戦略の一つです。

そのためには、それぞれが、自分の持つリソースを最大限に活用し、「世界を豊かにする」という「意図」を持って、「愛を具現化する構想」を立て、「創造原理」を働かせて、それを事業として展開していけばいいのです。それが「お金のある世界」の中で、つまり古い三次元的なプロトコルが残る中で、全体を豊かにしていく道であると考えます。

初めに感情のケアを

ここからしばらくは、豊かさを実現することをブロックしている心理的な要因について考えてみたいと思います。

誰にでも喜怒哀楽の感情があります。

実は感情には「本物の感情」と「偽物の感情」があります。本物の感情とは、「怒り、悲しみ、恐れ（不安、怯え）、羨望《せんぼう》、喜び」の5つです。これらは、人が生まれながらに備えている自然な感情で、魂の成長に役立つという意味ではポジティブなものです。

これに対して同じ怒りや悲しみでも「偽物の感情」があります。自発的で自然な「本物の感情」を検閲して、違う感情に置き換えてしまうことがあります。折に触れて浮かび上がってくる嫌な感情は、小さいときに、自分の周りにいた人の反応を学んだことで起きる「偽物の感情」です。

具体的には「怒り、混乱、恐怖、自己卑下、劣等感、嫉妬心、傷心、憂鬱、ライバル意識、罪悪感、闘争心、イライラ、頑固さ、優越感、恨み、不安、疑い、心配、孤独感、無力感、癇癪、虚しさ、焦り、憤り、落胆、緊張感、悲しみ、嫌悪感、哀れみ、疲労感、同情、絶望感、恋慕感、見捨てられた気持ち、義務感」などの感情です。これらの感情を持ち続けていると元気がなくなります。

スピリチュアルでは、意識をいつも「今ここ」に置いて、ニュートラルで平和な心境でいることが大事であると言われます。魂の視点で俯瞰して、自由に選択をするために必要だからです。いつ嫌な感情の地雷が爆発するかわからない状態では、おちおち「愛の具現化」をしていられません。だから、豊かになるためにまずしなくてはならないことが「偽物の感情」から解放されることです。

「偽物の感情」は、その裏に必ず「怒り」「悲しみ」「恐れ」「羨望」のうちどれかが潜んでいます。たとえば、ある人が怒っていても、それは悲しみや怯《おび》えを隠すために怒っているのかもしれません。「なじみ深い嫌な感情」の裏に隠れている「本物の感情」を探っていくと、本当の課題に向き合っていない自分の姿が見えてきます。

「ほんとうは悲しかったのだ」とわかったら、眠っているもともとの「悲しさ」のエネルギーを身体の体感として探り当てます。その「悲しさ」を無視したり、原因から逃げたり、誰かや何かを攻撃したりしようとしないで、「今ここ」で「悲しみ」を十分味わうようにすると、意識を圧迫していたエネルギーが消え、心が平和な状態に戻ります。

①怒りの感情

自分のルール（価値観や当たり前の常識）を他人が破ると怒りが出ます。自分が不平等に扱われた時も怒りが出ます。その怒りが「本物の感情」であれば、怒りのエネルギーが問題の解決につながります。見返してやろうと努力するエネルギーにもなります。

怒りはノーと断るための道具です。怒りを適切に使うと、社会を動かす力になります。

古い地球は男性原理が優位ですが、今は女性原理が復活するときです。女性の置かれた社会的な不平等や、パワハラ・セクハラ問題、いじめの問題、平和問題など、もっと女性の怒りを表現する必要があります。

本物の怒りであれば、その怒りを十分に表現することで、自分が元気になります。ただ、人前では表現しないこと。会社で怒る状況が起きたら、8秒間は我慢してください。その後、席を外して、たとえばトイレでも非常階段でもいいですから、場所を移動して、虚空に向かって思いきり相手への怒りを言葉に出してください。感情は表現するとスッキリしますので、言葉で表現するようにしてください。

「怒りは良くないことだ」と思って、本物の怒りの感情を抑えて、二次的な「偽物の感情」たとえば「ライバル意識」とか「嫌悪感」「闘争心」「傷心」などの感情にすり換えてしまうと、元気がなくなります。

言葉の暴力を受けたときには、すごく腹が立つはずです。仕方がないとその怒りをそのままにしておくと、辛い状況に身を置き続けることになります。自分を責め始めて、自分をダメにしてしまいます。怒りの感情はきちんと表現するようにしましょう。

本来外に向かうべき怒りが自分に向かうと、うつになります。仏教の教えでは怒りは良くないとされているのですが、よほど達観した人でなければ、怒りの感情を超越することは難しいです。宗教の教えを学んだ人は、自由に感情を表現できなくなるので、うつになりやすいと思います。

うつになると、自分や世界や未来を悲観的にとらえるようになります。「自分は落伍者だ」

「何もかも自分が悪い」と自分を責めたり、「周りは敵ばかりだ」「世界は脅威で満ちている」と他者や世界を否定したり、未来について「将来に望みがない」「この状態がいつまでも続く」と考えたりします。もしうつになりかけたら、その認知は事実ではなく、思考の癖であることに気がつかねばなりません。まず仕事を休んで、できるだけストレスを減らして、睡眠の質を高めるようにしてください。

②悲しみの感情

大事な何かを失うと悲しみが出ます。悲しみは過去の辛いことを乗り越えるためにとても大事な感情です。悲しみをバネにして同じ悲しみをさせないように社会を変えるエネルギーとなることもあります。

いわゆるグリーフケアでは自分と同じく大切な家族を失った悲しみを体験した人の話を聞くことで、過去を直視し、前を向いて進むことで悲しみの感情を癒そうとします。

失恋、友達との別れ、子どもを事故や病気で失うなど、人生では必ず喪失体験があります。そのときに十分に「悲しみ」を味わうことが大切です。

親への憎しみや恨みの感情の奥にも、悲しみの感情が隠れている可能性があります。子どものころに、自分を大事に扱ってくれなかったとき、その悲しみを感じながら生きるよりも憎しみや恨みを持ったほうが楽なので、親を憎むのです。但し、悲しみを憎しみや恨みに変えるのは、悲しみに直面することが精神がおかしくなるくらいに危険だから、今はそれを見るタイミングではないということでもあるので、本人の心の準備が整っていないときにそれを暴くようなことはしてはいけません。

③恐れや怯えの感情

恐れや怯えの感情は、未来の自分を守るために大事な感情です。「怖い」と感じないことは危険です。たとえば、屋上の柵が壊れていたとして、そこから落ちるかもしれないという恐怖心がなければ、そこで遊んでいるうちに落ちてしまうかもしれません。未来を予測して嫌なことが起こると思うと不安が出ます。

ほんとうの感情は恐れなのに、それに直面することができず、違う感情にしたいので「怒り」に変えることがあります。怒ったほうが、怖さが和らぐのです。ＤＶの被害者は恐れています。

怖いときには怖いと感じることが必要です。怒りに変えるとその怒りはさらに大きくなります。本物の怒りなのか、悲しみや恐れを隠しているのかを見極めることが大事です。

④羨望の感情

自分にないものを相手が持っているとき、羨望の感情が出ます。幼い子どもがお兄さんを見て自分も早く自転車に乗れればいいのにと思うのは自然な感情です。羨望という感情があるから、もう一度やってみたいと思います。もっと頑張ろうと思います。成功するまで諦めないぞと思います。羨望を表すことを許されて育った子どもは、羨望から早く抜け出ることができます。羨望するなと言われ、羨望の感情を抑圧すると、嫉妬に変わります。嫉妬は偽物の感情です。嫉妬の感情の奥には羨望があります。誰かに嫉妬したときは相手が自分の理想だからであり、相手を祝福して見習うべきだということは「宇宙の王様」でもお伝えしました。

深層意識の情動を見抜く

「本物の感情」は十分に味わうと、エネルギーが使われるので消えていきます。感情が消えればスッキリして、平和な、静謐《せいひつ》な意識になります。「偽物の感情」は、味わえば味わうほど嫌な感情のエネルギーが蓄積されて、そのときに考えていた想念が現実化していきます。そうするとますます嫌な感情が再生産されていきます。

この本で解説しているのは、「愛を具現化」するための意識の持ち方ですが、そのためには、「意図」を常に一定の方向に向けておく必要があります。

「偽物の感情」を持っていると周波数が低くなるので、次世代の地球人の波動と合いません。分離意識を卒業した人は、「偽物の感情」からも卒業します。逆に「偽物の感情」を卒業した人は分離意識からも卒業します。これからアセンションに向けて、「感情のケア」が大事になるゆえんです。

まだ言葉を話せないような子どものころに受け取った非言語メッセージとか、学童期以後に、親や先生やテレビの言葉から受け取った人生の教訓が原因となって、自分についての間違ったシナリオを書いてしまったのです。潜在意識の中で動いているプログラムなので、それを発見するには心の動きをよく観察することが必要です。

ここで説明した「偽物の感情」を手掛かりにすれば、自分の日常の意識下で何が起きているのかを推測できるはずです。

たとえば、偽物の感情である「孤独感」を感じている人がいるとします。その人のほんとうの感情は「悲しさ」であった可能性があります。誰とも打ち解けられない体験があり、その悲しさを隠すために「自分は誰からも愛されない」とか「私は何をやってもうまくいかない」という意味づけをして、その筋書き通りに、無意識に人や環境を操作する行動を取ることで「私は一人ぼっち」という体験を繰り返し創造して、「孤独感」という偽物の感情を味わい続けているわけです。「私は一人ぼっち」という人生のシナリオを証明することしか自分にはできないと思い込んでいます。

その奥にあるほんとうの感情は、「自分のことをわかってくれない」「仲間に入れてくれない」という体験をしたときに感じた悲しみなのですから、その悲しみを感じたときのことを思い出せば、そのエネルギーを「今ここ」で捕まえることができます。

「偽物の感情」をつくった原因

内省とは、自分の中の本当の感情である「怒り」「悲しみ」「恐れ」「羨望」の原因を観察することです。

「宇宙の王様」では内省を「自分の本心」に気づくやり方として紹介しました。毎日、自分の心を観察して「やりたかったけれどできなかった」「言いたかったけれど言えなかった」「思いたかったけれど思えなかった」「したくなかったけれどしてしまった」「言いたくなかったけど言ってしまった」「思いたくなかったけど思ってしまった」ことをチェックしようと言いました。それは自分の中の神性を発見するための方法です。

内省は自分を縛る「偽物の感情」から自己を解放する方法でもあります。

「偽物の感情」は、「本物の感情」を隠すために使われています。

例えば「孤独感」は偽物の感情です。孤独感を感じているなら、その後ろに、もしかすると「怒り」や「悲しさ」の感情が隠れているかもしれません。そこで自分の子どものころに「怒り」や「悲しさ」を感じることを自分に許さなかった原因となる体験がなかったかを、自由に連想して思い出しながら探っていきます。

親が自分の感情生活のモデルになっている可能性があります。たとえば、年中腹を立てている父親がいたとします。その場合「男とはいつも怒っているものだ」というモデルになることがあります。逆に親が反面教師になって、「決して怒ってはいけない」という信条を刷り込むこともあります。

あるいは親が「男は泣くものじゃない」とか「男なら喧嘩くらいせよ（暴力を肯定）」といった特定の感情に対して禁止したり奨励したりすることがあります。

どう感じたり考えたりすべきかという親からのメッセージをプログラムすることがあるのです。怒っている子どもに対して「あなたは疲れているのね」「眠いのね」というメッセージを送ることで、子どもが自分の感情を間違って解釈してしまうことがあります。怒りの感情を正しく使うことができないと、疲労感を感じるようになります。

あるいは、泣こうとしたときにお母さんから「涙を見せることはやめなさい」と禁止された場合、「悲しみを感じてはいけない」というメッセージとして理解します。本来悲しみを感じるべきところで、悲しさを感じず、代わりに不平不満の感情を持ち続けるようになります。

いずれにしても、先に述べた、「劣等感」や「孤独感」や「絶望感」などの「偽物の感情」の奥には、「怒り」「悲しみ」「恐れ」などの「本物の感情」が隠れています。それらの感情のエネルギーは、私たちのアストラル体に張りついています。

その感情エネルギーは、過去の体験でできたものです。それができたときの出来事を思い出すには、ハイヤーセルフからガイドをしてもらうことが有効です。

何か出来事が起きて、お馴染みの不快な感情が出てきたとします。そのとき、ハイヤーセルフに、「この感情の元にある記憶を思い出させてください」とお願いします。ハイヤーセルフは最もいいタイミングで、その出来事の光景を思い出させてくれるでしょう。相手からどういう言葉を言われて、そのときどう感じたか、「怒りがこみあげてきた」「悲しかった」「怖かった」という感情を感じると思います。

それが怒りであれば、相手が「今ここ」にいると想定して、相手に対する怒りの感情を言葉にして、想像上の相手に思う存分伝えます。悲しみであれば、その悲しみを「今ここ」でじっくり味わいます。その悲しみを心の中に戻すことはしないで、しっかり味わい続けていると、5分もしないうちに悲しみのエネルギーが消えていくのに気がつくでしょう。それがどういう悲しさか、何が悲しかったのか、言葉にしてみてください。恐れの場合も同じです。その恐れの思いに直面して、「今ここ」で味わってその恐れを言葉にしてみてください。

自分の本心に向き合う

自分の中のネガティブな「偽物の感情」に執着するのではなく、未消化の「本物の感情」を成仏させてあげましょう。「偽物の感情」はたくさんありますが、本物のネガティブ感情は4つしかないので、分析しやすいはずです。それらを成仏させれば、心は平静になります。そうしてはじめて「自分が何をしたいか」という本心が出てきます。

自分が何をしたいのかは、怒りや悲しみの思いを抱えたままでは見つけられません。もし怒りの裏に怯えがあるのなら、その怯えを消すことが先決です。

なりたい自分の姿を主体的に思い描く作業は、その後にゆっくり始めればいいのです。自立するとは、先ほどの「自分は誰からも愛されない」とか「何をやってもうまくいかない」というような、不合理な信念を乗り越えることを意味します。

人間は本来ありのままで完璧です。怒っても悲しんでも恐れても羨望してもいいのです。但しそれが自然な感情であればです。本当の感情を受け入れ、感情をバネにして、新しい自分に跳躍しましょう。

勝者のシナリオを書こう

ここから先の節は、感情ではなく、自分の中のパーソナリティの歪みにアプローチする話をします。「歪み」とは、無意識の中にプログラムされた自分を縛る思考がもたらすものです。

「宇宙の王様」の中で、人間は誰でも、成長する中で、親や先生やテレビや本などから得た情報で「世界についての物語」を自分でつくり、その世界の中に自分を投げ込んでいる、だから世界観を書き直すことが大事だという話をしました。

「世界についての物語」と同じように、私たちは「自分についての物語」をつくり、そのシナリオの中に自分を投げ込んでいます。

心理学者によれば「勝者のシナリオ」を持っている人はわずか1パーセントなのだそうです。勝者のシナリオとは、「自ら公言した目的を達成し、その結果世界をより良いものにできる」「対処法を一つに限定せず、いくつかのオプションを持っている」「成功するまで色々なことを試してみる」という行動のスタイルのことです。ここで「勝者」というのは、経済的、社会的、政治的な成功とは必ずしも一致しません。

これに対して、公言した目標を達成せず、うまくいかないとやめてしまい、最後にはネガティブ感情を確認して終わるような「敗者のシナリオ」を持っている人もやはり1パーセントいるのだそうです。

驚くべきことに、残りの98パーセントの人は、平凡なシナリオを持っています。彼らは「どっちつかず」の存在です。勝つことも負けることもしますが大勝も大敗もしません。危険を冒さずに安全牌《あんぜんパイ》だけを用います。

自分の物語を、全体の1パーセントである勝者のシナリオに書き換えるには、自分を「敗者」や「凡人」のように振る舞わせることを望んだ「他者の命令」を拒否することから始めなければなりません。

この後に挙げるような教えがあなたの中に刷り込まれているなら、あなたがそうすることが、かつてあなたのそばにいた誰かにとっては都合が良かったのです。

人間は誰でも神の子ですから、自由であり、自立して、自分の才能を完全に発揮して、社会に貢献することを望んでいます。新しい地球では、全員が「勝者」のシナリオを書くようにしなくてはいけません。

親から刷り込んだ非言語メッセージ

お母さんのお腹の中にいるときから、小学校1～2年くらいまでの間に直感で刷り込んだメッセージは、言葉が使われていないので、きっかけとなる出来事の記憶がありません。ですが、次に紹介するメッセージを「非言語的」に受け取った人は、自分のことをずっと「環境の被害者」として感じています。

親が子どものことをどのように眺めていたか、どのように扱っていたかを、子どもなりに感じ取って「自分とはこういう存在なのだ」「こういう在り方をしなくてはいけないのだ」というメッセージとして解釈します。その結果「ほんとうの自分からかけ離れた在り方」を自分として選択します。自分の存在が母親に依存している世界の中では、それが自分が生き延びるためにベストのやり方だったのです。

その物語を書き換えるために、ロバート・グールディングの「禁止令」についての考え方がとても参考になりますので、ここにご紹介します。これらは、どれも自律的に生きるための在り方とは正反対の在り方といえます。

「禁止令」とは、心理学の専門用語です。非常に早期からの親からのメッセージを、子どもなりに非言語的に解釈したものです。私の言葉でいえば「親が無自覚でかけた呪い」です。知らないうちに親から呪いをかけられていたのです。呪いの言葉に気がつけば無効化することができます。

内省をして、魂の目で自分の心の在り方を俯瞰すると、これらのメッセージのうちどれが自分に刷り込まれているかがわかるはずです。

12個の禁止令

「禁止令」は、車のサイドブレーキのようなものです。宇宙を動かそうとしても、サイドブレーキがかかっていたら、宇宙は動きません。

(1)存在するな

一度でも死にたいと思ったことがある人は、親から「存在するな」というメッセージを受け取っています。

親から虐待を受けたり、親から拒絶されたりした場合に、直感的に子どもなりに「存在するな」という非言語的なメッセージを刷り込みます。「死にたい」「私は愛される価値がない人間だ」「自分がいるせいで」という不合理な思いを持つようになります。

無謀な運転をして事故を起こす人や、ワーカホリックになって、命を削って働く人も、「存在してはならない」という信念を持っています。

「存在するな」という呪いに気がついて、自分を解放することで「ありのままでいる」喜びを体験できます。

(2)おまえであるな(自分の属性であるな、自分の性であるな)

親が「男(女)だったらよかったのに」と思って子どもに接していると、子どもは自分自身の性であることに引け目を感じます。

親が子どもに「頭の良さ」を求めると、子どもは親の理想になろうとしますが「頭の良さ」もその人の個性です。適性がなければ、いくら頑張ってもそうはなれず、疲れてしまいます。「ありのままではダメだ」「他の存在のようになれ」「私の理想の子どもになれ」というメッセージを受け取るので、いつも人に気を遣わずにはいられなくなります。

そのほか、身長や、容姿や、運動能力などで自分を否定されたときも「みんなと同じようにせよ」というメッセージを受け取ります。

「おまえであるな」という呪いに気がついて、自分を解放することで「自分の個性を味わう」喜びを体験できます。

(3)子どもであるな

子どもが周りにいると親自身の「子ども」の部分が脅かされるので、「子どもであるな」というしつけをします。「子ども」であってはいけないので、無邪気さや感性をむき出しにして自由に表現することが禁じられます。

面倒見が良く、良く世話をする、いい子でいい人になろうとします。感情を我慢して人に合わせたり、自分が大変でも断れずに何でも引き受けたりする性格になります。

こういう性格だとストレスが溜まり、うつになったりします。性格が変わらないと、うつが一旦良くなっても、繰り返してしまいます。

「子どもであるな」という呪いに気がついて、自分を解放することで「剥き出しの感性を表現する」喜びを体験できます。

(4)成長するな

可愛い子どもでいるときにだけ褒められたり認められたりすると、「可愛い子でい続けないと愛されない」「大人になってはいけない、子どものままでいろ」というメッセージとして受け取ります。

子どもは可愛いのでチヤホヤされますが、大人になると身体的な変化もあり、可愛さもなくなるので、「可愛い」という言葉をもらえなくなります。そのとき「成長しない」「子どものままでいる」という在り方を決断することがあります。

自分一人で何もできなかったり、誰かに頼らないと仕事ができなかったりするような、いつも不安を抱える性格になります。

「成長するな」という呪いに気がついて自分を解放することで「年相応に成長する」喜びを体験できます。

(5)成功するな

親の中の「子ども」の部分が、子どもが達成することに対して無意識に嫉妬します。それを子どもが非言語で感じとります。それは子どもに「成功するな」というメッセージを植えつけます。子どもはその感覚を刷り込むので、成功しそうになるとパニックになったり、ミスをしたりします。

親が子どもに「ちゃんとやれ」ということで、子どもにできない感覚を植えつけることもあります。いくら頑張っても、親が求める成功の感覚にまで行かない気がして辞めてしまう人もいます。

ほんとうなら、最後までできるはずなのに、成功しない感覚があり、辞めてしまいます。できていない感覚や、成功すると良くないことが起こる感覚があります。

最後まで読んでいない本がたくさんあったり、掃除をしても中途半端になったりします。ちゃんと仕事をしているのに転職が多かったり、何をやってもうまくいかなかったりします。

全部一度にやろうと思ってもうまくいかないので、一旦立ち止まって、やったところ、やれたところを見て、客観的な自分を自分で評価することが大事です。

「成功するな」という呪いに気がついて、自分を解放することで「成功する」喜びを体験できます。

(6)するな(何もするな)

心配性の親から「(危ないから) しちゃダメ！」といわれた人は「何もするな」というメッセージを刷り込むことになります。

この禁止令がある人は、何か自分のやりたいときに不安が出てきます。しないほうがいい感じがして行動に移しません。したいと思ってもストップがかかるので、人生で何も達成しないで終わることになります。「自分の人生を歩むな」というメッセージでもあります。

「何もするな」という呪いに気がついて、自分を解放することで「やりたいことが自由にできる」喜びを体験できます。

(7) 重要であるな

自分がここに存在しているにも関わらず、自分に誰も関心を向けないと感じたときに「あなたには価値がない」「あなたは重要ではない」というメッセージを受け取ります。

自己重要感がなく、人からどう見られるかが気になります。人前で話すときに緊張します。リーダーシップの役割を取ると失敗したり、職場では空気のように存在感が薄くなったりします。

「重要であるな」という呪いに気がついて、自分を解放することで「重要人物になる」喜びを体験できます。

(8)属するな

親が「あんたは他の子とは違うのだから」といったとき、「所属してはいけない」「グループに属してはいけない」というメッセージとして受け取ります。

親自身が転居を繰り返したり、社会に適応できなかったり、いつも仲良しグループの外にいる人であるようなときも、子どもはその感覚を刷り込むことになります。

グループの中にいても、心理的な疎外感を感じ、そこにいるのがすごく辛くなります。人の集まりには行きたくなくなります。一人でする仕事は問題ありませんが、会社の中ではすごく居心地が悪いので、転職が多くなります。

「属するな」という呪いに気がついて、自分を解放することで「誰かと仲間になる」喜びを体験できます。

(9)近づくな（信用するな）

近寄ったときに嫌な顔をされたり、拒絶されたり、いじめられたりしたとき、「近づくな」

というメッセージを受け取ります。親との身体接触がなかったり、感情的に親密さがなかったりするときも「近づいてはいけない」というメッセージと解釈します。

「近づくな」という禁止令を刷り込んだ人は、親密な会話をしなかったり、表面上のつき合いしかしなくなったりします。物を触られることを嫌ったりします。

「近づくな」という呪いに気がついて、自分を解放することで「親密さを楽しむ」喜びを体験できます。

(10)健康であるな（正気であるな）

子どもが病気になったとき、普段よりも多く愛がもらえたり、特別扱いしてもらえたりします。「病気のときはしょうがない」ということで、不健康なときや正気でないときにだけ何かが許される体験をすると「健康であるな」「正気であるな」というメッセージとして解釈します。健康でないほうが愛されるので、ストレスが多くなると大病を患います。

「健康であるな」という呪いに気がついて、自分を解放することで「健康である」喜びを体験できます。

(11) 考えるな

親から「子どものくせにそんなことを考えなくていい」「わかりもしないくせに」「黙っていうことを聞け！」といういい方をされたとき、意見をいうと叱責されるので、親のいうとおりにしたほうがいいと、自分で考えることをストップするようになります。

「考えるな」の禁止令を刷り込んだ人は、自分で考えようとすると頭が真っ白になります。指示されたことはできるけれども、リーダーになって、指示する立場になると、どうしたらいいかわからなくなってしまいます。

「考えるな」という呪いに気がついて、自分を解放することで「主体的に考える」喜びを体験できます。

(12) 感じるな

親が感情に栓をして隠し込んでいると、子どももそれをモデルにして感情を隠すようになります。感情全体でなく、怒りや恐れなどの一部の感情を感じるな、身体感覚を感じるなという場合もあります。

親がヒステリックなので、それを反面教師として、自分は感情を出さないようにすることもあります。

宗教をしている人は「怒りを感じてはいけない」「欲求を感じてはいけない」というメッセージを受け取ることがあります。感情と記憶は関係があり、感情を抑圧すると子どものころの記憶がなかったりします。

「親と同じように感じなさい」というメッセージを受けた人は摂食障害になることがあります。食べて吐くことで感情を出しているのです。

「感じるな」という呪いに気がついて、自分を解放することで「感情を表現する」喜びを体験できます。

あなたをさらに生きづらくする「ドライバー」

これらの禁止令を取り込むことで、思いや行いが歪んでしまうのですが、さらにあなたを追い込む教えがあります。それは、

①完全であれ

②他人を喜ばせよ
③努力せよ
④強くあれ
⑤急げ

の5つです。これはデービー・ケイラーという心理学者が主張しているものです。私たちに生まれながらに備わっている、自分をかり立てるものという意味で、「ドライバー」と呼ばれています。

本来、私たちは、何かをしてもしなくても、ありのままで存在する価値があります。ところが、先ほどの「禁止令」がある人は、このドライバーとのコンビネーションで、条件付きで許可されることになり、その条件を満たせないと、自分を追い込むようになります。

たとえば「存在するな」という禁止令を持っている人は、「存在しても良い」という許可を得るためには、完璧でないといけない、自分よりも人を優先させないといけない、頑張らないといけない、甘えたり弱みを見せたりしてはいけない、早くなければいけないなどと思ってしまうのです。

努力しているときや、パフォーマンスを発揮しているときにだけ、あるいは誰かを喜ばせているときだけ、自分を重要だと感じてもいい、価値があると感じても良い、自分の本心を見せてもいい、成功しても良い、仲間になっても良い、健康であっても良い、というふうに感じるわけです。

こういう感覚がある人には、後の章で紹介する「努力せずに成功する」やり方がうまく働きません。

成功法則をうまく使うには、まず、「禁止令」を緩めることが必要ですが、それだけでなく「ドライバー」を緩める必要もあります。

「完璧にしなくてもいい」「自分を優先してもいい」「頑張らなくてもいい」「甘えてもいい」「弱音を吐いてもいい」「急がなくてもいい」「感情を出してもいい」それでも良いのだと、完璧ではない自分をそれでもいいと認めることが先決です。

行動を変えると思いが変わる

なぜかいつもこう振る舞えない、逆になぜかいつもこう振舞ってしまう、というときには「禁止令」が刷り込まれているはずです。それが非言語的だったために、自覚できなかったのです。

たとえば、みんなが同じ挨拶をしているのに自分はできないとか、仲良くする行為が取れないとか、くったくない行動が取りたいけど取れないようなとき、「仲間になってはいけない」という禁止令が、言葉以前の感覚で「ダメ出し」をしているのです。

「仲間になってはいけない」とは明らかに不合理な指令ですが、自分はそれを不合理だと感じていません。それは自分が子どものころに環境から受け取ったメッセージなのです。

たとえば、親が親戚から仲間はずれにされていたとか、親がすぐ怒る性格だったとか、あるいは相続に絡むトラブルで兄弟の仲が悪かったとか、従兄弟同士で結婚したことから親戚と疎遠だったとか、訛《なま》りのせいで人と仲間になるのを避けていたとか、生まれた場所や血統のせいで差別を受けていたとか、とにかく、当時子どもであった自分が「禁止令」を刷り込むに至った何らかの状況があるはずなのです。

そういう過去の状況を思い出しながら、因果関係の仮説を立てて言語化します。

その禁止令を書き換える方法は、「お馴染みのダメ出し」の感覚が起動したときに、意識して「行動を変えて」「その感覚を味わってみる」ことで行います。

「仲間になってはいけない」という禁止令が起動しても、「これは親から刷り込んだ禁止令だ」とその「ダメ出しの感覚」を知的に相対化して認識できれば、すでにその禁止令は無効化されています。

そのとき自分は「仲間にならない」在り方も「仲間をつくる」在り方も、どちらも選択できます。「どういう自分でありたいか」は「今ここ」で自分が決めています。

あなたは、生まれて初めてみんなに挨拶をするかもしれません。そのとき、みんなが当たり前に挨拶を返してくれたら、きっとあなたは喜びを感じるでしょう。その喜びがまさにあなたが体験したかったことであり、そのために大変な思いをして、準備をしてきたともいえます。

罪の意識は処罰を求める

宗教的な人は、罪の意識が強く、ささいな間違いをしただけでも、自分で自分に「処罰」を課してしまいます。「他人に迷惑をかけたのだから、自分は幸せになってはいけない」と不幸になるシナリオを書いてしまうのです。そして豊かになることを拒否します。幸せな恋愛や幸せな結婚生活を拒否します。

人間は誰でも完全ではないので、間違いを犯さない人はいません。間違いを犯しても、反省して再び同じことを繰り返さないようにすればいいだけです。それ以上のことを求めるのは不合理な思考です。でも「自分は悪い人間だ」と思うと「存在してはいけない」「成功してはいけない」「重要であってはいけない」という禁止令を自分に課してしまいます。

宗教的な信条も、ほかの禁止令への対応方法と同じです。

そもそもなぜ自分が罪の意識を持つに至ったかというと、宗教の教えで、「悪いことをしてはいけない」「悪いことをしたら処罰されなければならない」と偽物の神様から言われたからです。

本物の神様はあなたの内側にいます。自分で自分を罰するこの思考回路のバグを修正しなければいけません。

「宇宙の王様」にも書きましたが、自分を責めることは反省ではありません。間違いを繰り返さないために事実を客観的に観察することは大事だけれども、自分を責めることはしてはならないのです。やるべきことは修正プログラムを当てることです。

とにかく自分を赦し続けてください。神は無限に赦しているのだから、自分も自分を赦してください。下を向くことをやめて、上を向いて、前に進んでいくことを自分に許可してください。「今ここ」で「成功者である」在り方を選択してください。

心や身体の状態を客観視する方法

ここまでの話は、人生の初期段階でプログラミングされた、社会的な不適応をもたらす「不幸の種」の正体についてでした。自分が持つ信念は、ある意味で人生のタペストリーを織りなす縦糸のようなものです。

幸福への道は、ネガティブな信念を捨てて、ポジティブな信念を増やすことですが、それには自分の思考を観察しなくてはなりません。でも、このような内省ができる人とできない人がいます。

自分の思考を観察しているのは魂なので、魂レベルで生きる戦略としては、思考と感情を観察することが一番です。それができない場合、あるいは、幸せな環境で育ったために、内省が必要ない場合の戦術として、夢を解釈することをお勧めしたいと思います。

夢は心と身体のメッセージです。自分の表面意識が使う左脳的な言葉ではなくて、潜在意識が使う右脳的なシンボル言語です。

現在、ネットで至る所に「夢占い」のサイトがありますが、もともとは1996年に梶原まさゆめさんが「眠り男の夢占い」というサイトで画期的な「夢のシンボル言語」のシステムを公開したことが始まりです。

梶原さんが1998年に出された「夢占い」という本は、夢の中に現れるあらゆる具体的なモノや状況や行動の意味が書かれた一種の辞書でした。

「夢占い」はいわゆる占いではありません。自分の心や身体の深い部分から語られたことに嘘やコントロールが入る余地はないからです。自分のことは自分が誰よりも一番良く知っており、その解決方法も高次の自分は知っています。未来は自分で創造するものです。誰かに聞く必要はありません。

「占い」は、立場が上の人が下の人に絶対的なお告げを下す構造になっており、反論ができません。内容によってはクライアントの方を傷つける場合があります。占いをする動機は基本的には利己的なものであり、そこにつけ込まれてコントロールが入る余地があります。

夢占いはそうではありません。自分で解釈をします。「今どうなっているか」はわかっても「どうしたらいいか」までは教えてくれません。でも、自分の問題の原因や、解決への道筋は、本当は自分が誰よりもよく知っているのです。運命や宿命はなく、すべては自分の選択次第です。占いに頼れば、自分の運命を誰かの手に委ねてしまうことになります。それでは魂の学びにならないことは「宇宙の王様」にも書きました。

今ではネットを検索すれば誰でも簡単に夢解釈ができるようになりました。自分が見た夢の大まかなストーリーと、そこに出てくる象徴的な物や出来事をキーワードにして、「シンボル言語」の辞書を検索すれば、夢の意味がなんとなくわかります。それを自分の置かれた状況と照らし合わせれば、魂が自分に何を伝えたいのかが解釈できます。それは、自分自身でつくる神社のおみくじのようなものです。

夢を通して自己客観視ができる

エンジェルストーンにはMさんというヒーラーの女性がいます。彼女は高次元とのパイプが開いています。彼女は、ヒーラーになるために、心身を浄化する必要がありました。そのためにガイドから二つのことを指示され、その訓練を何年も続けたのだそうです。一つは、呼吸法を実践すること。もう一つは、夢を解釈することでした。

高次元とのパイプは、意識を広げて「自分の」という所有格をなくしていくことで開きます。意識を広げるやり方は一つだけではなく、その人の個性によってさまざまです。先ほど述べた反省や内省は知性を使って思考や感情を客観視するやり方です。

彼女の場合は、思考や感情を内省する代わりに、夢を通して「今自分はどういう状態にあるか」を分析して自己客観視をしていったのです。彼女にとって夢の解釈は、「どうしたら望む未来を手に入れられるか」という占いの視点ではなく、自分の無意識の情動を顕在意識で理解するためのものでした。

自分がどういう心身の状態でいるときに、客観的にはどういう意味なのかについての索引を自分自身でつくっていったのです。それがヒーラーになるための基礎訓練の一つでした。クライアントの体験を自分の体験に照らすことで、クライアントの置かれた状況を理解できるようになるからです。

霊能者が霊能を開くときには、必ず霊界のガイドがつきます。霊能力はその人が過去世で長い間トレーニングしてきたものが今世の自分の個性や立場や環境に合わせて出てくるものです。現文明では、特別な使命がある人でない限り霊能力は開かせないことになっているので、霊能力を仕事で使う人は、もともと人生計画に特殊な使命を入れていたことになります。

その場合、必ず霊界の同じ村の仲間がガイドをする約束をしています。

Mさんの場合は、あらゆるエネルギーを識別できるだけでなく、そのエネルギーをつくれる特殊な能力を持っているのですが、それはちょうど、画家が無数の色を識別できたり描いたりできるのと同じです。あるいは音楽家が無数の音を識別したり演奏できるのと同じです。その能力は、彼女が過去世に何転生もかかって身につけてきたものです。その能力が今世はパワーストーンのブレスレットをつくる仕事に役立っているわけです。

よく、スピリチュアルで、お金を取って霊能力を教える方がいますが、その額があまり高い場合は、それが詐欺的なビジネスなのではないかを疑う必要があるでしょう。

霊能力は、求めるものではないし、誰かに教わって身につくようなものでもありません。それは、どんな仕事のスキルの場合でも同じでしょう。

Mさんは、もともと霊的なことには縁がなかったにもかかわらず、ガイドからさまざまな霊体験をさせられ、霊的な感覚を学ばされて、今の場所にたどり着いたそうです。夢を見ることも、自然に見たというより、ガイドから夢を見させられていたというのがおそらく事実でしょう。

話が脱線しましたが、心と身体を浄化する方法として、内省のほかにも、自分が見た夢を解釈する方法があります。夢を通して本当の自分を知ることができるのです。

この章では、豊かさを否定する心のブロックと、それを乗り越える方法についてまとめてみました。自分の思いの中に、前に進む思いにブレーキをかける否定的なメッセージが潜んでいないか、チェックしてみてください。

ニュートラルな意識をつくるためには、自分を俯瞰して、できるだけ客観的に観察することが必要です。内省の代わりに夢を解釈することでも自分の在り方を見つめることができます。

次の章では、どのようにして宇宙の創造原理を働かせるかについて考えていきます。

これで第5フェーズを終わります。

偽物の感情

豊かになるためには
偽物の感情から解放されねばなりません

夢

フェーズ6

問題は存在しない

あなたはメッセンジャー

地球のグリッドに共鳴する

第6フェーズに入ります。

この章は、第4フェーズでお話したジョウスター流の成功法則の続きになります。

この章のコンセプトは「次世代集合意識の一部である自分の魂がエネルギー的に地球の一部として存在する」というものです。

なぜそれが成功理論と関係するのかといえば、宇宙は本来ありのままで完璧だからです。あなたが必要とするものは宇宙がすべて与えてくれています。ここではそれを体感するための具体的な意識の持ち方をお話します。

初めに地球とのエネルギー的な意識合わせをしましょう。

第3フェーズで、エネルギーグリッドが地球を取りまいているという話をしました。そこに地球の無尽蔵の生命エネルギーが眠っています。そのエネルギーは、地球とつながった人、つまり大自然の波動と共鳴した人が「意図」することでアクティベートします。

鉱物界や植物界や動物界の魂たちは、皆このエネルギーを使って、地球に人間が生存できる環境をつくっています。今人間だけがそれをしていませんが、宇宙レベルである受容性の意識に達した人たちは、それができるようになります。

地球とつながるには、思考でなく体感が必要になります。

全身全霊で共鳴するために最初のポイントとなるのが仙骨です。仙骨に意識をフォーカスすることで、自分の身体と、地球の体（大地）がしっかりとつながります。

次のポイントはハートです。ハートの奥の聖なる空間に自分の神性があります。ハートに意識をフォーカスすることで、魂の中心軸ができます。

もう一つは、頭頂のさらに30センチほど上に、バラや牡丹のような大きく美しい花びらをイメージして、そこに意識をフォーカスします。霊界の高次元にいる自分とつながります。

仙骨は第二チャクラ（エーテル体のエネルギーの中心）、ハートは第四チャクラ（アストラル体のエネルギーの中心）、バラは第八チャクラのエネルギーの出入り口です。チャクラについては「宇宙の王様」で詳しく説明しましたので参照してください。自分の意識をこの三か所全部にフォーカスして、自分の身体の多次元的なエネルギーを体感します。

意識を仙骨に移動させて身体のエネルギーを感じ、その感覚はそのままにして意識をハートに移動し、ハートの感覚を身体の感覚に重ねて感じ、さらに意識を花びらにフォーカスして卵形のオーラ層が身体とハートを包み込んでいるイメージをして、自分のエネルギー体全体を体感するようにします。

自分とは、物質世界と、多次元の霊的世界を貫く、個性あるエネルギー体なのです。

これは、思考が働いていない状態でなければできないので、静かな場所でゆっくり深い呼吸をして瞑想状態に入って行うか、寝る前や起きたときの夢うつつの状態を利用するか、いずれにしても、変性意識の状態でするとうまくいきます。

地球のエネルギー磁場は二つ重なっています。まず、地球の上空を格子状に取りまく、光のグリッドをイメージします。次に、球形の地球を取りまく卵形の光のエネルギーをイメージします。この光のグリッドと卵形は、人間でいうと、自分の身体の外側を走るチャクラのエネルギーラインと、体の内側を流れる経絡に相当します。

そして、地球のエネルギーと自分のエネルギーが共鳴し、地球のグリッドから自分のハートに、地球の卵形の光から自分の身体に、生命エネルギーが流れてくることを「意図」します。

これは瞑想とイメージワークを合わせたワークですが、地球意識と自分が体感として溶け込んでいるので、このワークを続けることで、自分が地球の表面意識として地球のために働く細胞として存在することが実感できるようになります。

地球は宇宙のエネルギーと一つになって動いています。あなたが、地球への感謝の思いで、愛のバイブレーションとして存在するとき、あなたは宇宙をバランスさせる地球の細胞の一つになっています。

変化は常に起こっている

宇宙は常に変化しています。たとえば、人は生まれて成長して死んでいきますが、それは変化です。

変化するのは三次元の物質の世界だけではありません。私たちの魂も経験を積むことで、知恵もエネルギー量も増えていきます。高次元世界も常に変化しています。

それなのに、「十年前も今も自分は何も変わらない」と思うのはなぜでしょうか。

ほんとうは、昨日の気分と今日の気分ですら違うはずなのに、変化していないと思うのは、自分や物事を「この状態で止まっている」と見ているからです。

新しい地球で「愛の循環経済」の主体となって事業を始めるには、長年止まっている状況を変化させせなければなりません。

変化を起こすために、特別な力は必要ありません。宇宙は常に変化しており、変化は必然だからです。変わるのを邪魔しなければ、自分がいる世界は変化していきます。

「愛の具現化」の種を自分の心の中に蒔いておけば、自然に変化が起きます。たとえば、もし「おいしいお蕎麦をつくりたい」という夢があるなら、最初に、十年後の自分が、どこで何をしているか、お客さんとどんなふうに関わっているか、お店がどんな評価を得ているかなどのストーリーをつくって、すでにそうなっている自分を空想して、その気分を「今ここ」で体感して味わいます。

一日のうちに時間を決めて、リラックスしてアルファ波が出た状態で空想に耽《ふけ》り、あとは忘れてしまいます。

そうしたら、蕎麦作りの本を読みたくなったり、隣町に新しくできたお蕎麦屋さんに行ってみたくなったり、何らかの心境の変化が起きるはずです。これまであまり本など読んだことがないのに、急に本を読みたくなったのなら、それは変化が起きたのです。隣町にお蕎麦屋さんができた情報をたまたま知ったのなら、それは変化が起きたのです。

変化は起きるものであって、起こすものではありません。逆に変化を止めるには力が必要です。「夢を叶えるには時間がかかる」とか「人間って変わらないものだ」とか「この現実を変えるのは難しい」などと考えていたら、自分の世界に起きた変化を止めるためによけいなエネルギーを使っているのです。

小さな思いの変化に気づいて、それを小さな行動の変化で表現してください。一つ行動したら、また新しい変化が起きてくるでしょう。蕎麦作りの本を読んだら、おいしい返しをつくってみたくなるかもしれません。そうしたら、それを試してみて、実際に体験してください。そうしたら、本ではわからなかった知恵が得られるでしょう。

「原因と結果」とは、そういう一つ一つの変化の連鎖のことです。あなたが宇宙の変化に対して心をひらいて動くとき、宇宙も新しい未来をあなたのためにひらいてくれます。

あなたの意図に呼応して自分の外側に起きる変化は、宇宙の声です。そこに世界に生み出されたい新しい宝物が埋まっているのです。宇宙の声を聞いて、変化を楽しんで、その宝物を掘り出してください。

小さな変化が大きな変化を生み出す

宇宙と共同創造するときは、必然的にさまざまな問題に出会います。変化は必然なので、自分の頭を一つの枠の中にはめ込んでいると、それに合わないものが出てきたら問題だと判断してしまいます。そのときしなければならないことは、自分の見方を決めている枠のほうを変えるか、現実を違う形に変えるかのどちらかです。

宇宙と会話しながら現実を変えるやり方は、「小さい変更を仕掛ける」ことです。

自己啓発セミナーでは次のような問題解決の哲学を教わります。

「もしうまくいっているのなら、変えようとするな。もし一度やってうまくいったのなら、またそれをせよ。もしうまくいっていないのなら、何でもいいから違うことをせよ」

これが宇宙とコラボして創造する基本的な方法です。

私たちは「自分のやり方」でやったからうまくいっていると思っているのですが、実際にはその結果の原因となっている要素は無数にあるので、何がほんとうの要因だったのかはわかりません。わかっていることは、それまで問題がなかったのは、その状態でバランスが取れていたということです。

「自分のやり方」が絶対正しいという教条主義的な信念を持っていると、さらに徹底してそのやり方を貫こうとします。そうするとますます隘路《あいろ》にはまり込みます。

「より適切な」やり方があるだろうと考えて、今までと全く違うやり方を始めようと大幅なプロセス変更をするのは、ギャンブルのようなものです。大きな変更は長続きしませんし、その結果として、予想外の新しい問題が起きる可能性があるのでお勧めできません。

問題に直面しているときは、とにかく「何でもいいので」「小さいこと」を「一つ」変えてみます。そして宇宙の反応を見るのです。

堤防に小さな穴を開けると、堤防が崩れてしまうように、大きな力が均衡してバランスしているときに、ほんのちょっとした変化を与えると、それがドミノ倒しの最初の一枚となって、再びバランスが取れるまで、形を変化させていきます。

数年間歯ぎしりで悩んで、歯がボロボロになった女性が、セラピストから「夫婦のベッドの位置を交換しなさい」といわれてやってみたら、その晩から歯ぎしりがなくなったそうです。歯ぎしりがなくなるだけで、この女性や家族の未来は大きく変わるでしょう。

このように、小さな変化が大きな変化をもたらします。それを「いかにして睡眠中の歯ぎしりを止めるか」という問題として捉えたり、彼女の人格に問題があるのではないかと思ったり、これは霊障なのではないかと考えていたら、歯ぎしりの解決には至らなかったでしょう。

「重大な問題を解決するには時間がかかる」という言い方ももっともらしいのですが、必ずしも事実ではありません。原因がなくなれば現象がすぐに変わるのです。これは精神病などの心理的な問題でも同じです。

問題は、私たちは三次元の物理世界にいるので認識力に限界があり、何がほんとうの原因なのかがわからないことです。だから、形態のレベルで「何でもいいから」今までと違うことをやってみることが、エネルギーを消耗しないで宇宙を動かす賢いやり方です。

漠然とした不幸感覚

読者の皆さんがこの本を手にしているということは、何かを変えたいと思っておられるということだと思います。

私はときどき投資会社のセミナー講師をしていますが、私の動画を見てＦＸを始める方の中には、自分が今どういう問題に直面しているのか、何に困っているのか、あるいはいないのかについて、はっきりわかっていない方がおられます。漠然とした不幸感があるのです。

自分の問題や課題に直面したくないので、問題から目をそらすために、安易なお金儲けの手段としてFXを始める人がいます。そういう方は自分の貴重な時間を気晴らしのために使っています。私は、FXをしたために自己破産した方を知っています。

ほんとうは他のところに問題の原因があるのですが、痛みから目を逸らすために、アルコールやギャンブルや暴力などのあらゆる依存症が使われます。

その方は結果的にお金をなくすことで何か他の隠された目的を達成したのです。FXのような投資もギャンブルのように、潜在意識の企《たくら》みのために使われることがあるので、基本的にお勧めはしません。

私自身は、お金それ自体はニュートラルであり、良くも悪くもないと思っています。

それはちょうど、原子力が原子爆弾として使われれば人類に害を及ぼすけれども、発電のために平和的に使われたら役に立つのと同じことです。投資も数字のゲームのようなものので、銀行口座の残高を増やしたり減らしたりするだけのものなので、それ自体は無価値でありニュートラルです。

ただ、自分がいるパラレルが正確に反映される心理ゲームなので、思いの底に「足りない」という信念がある人は、長期的には決して勝てません。ですから、不幸感覚のある人は、FXには近づかないほうがいいと思います。

私の場合は、シリウス人なので、あらゆる情報を調べる癖がついていますから、ギャンブルにはなりません。

いずれにしても、そもそもの問題は、「不幸感覚の根にあるもの」を見ていないところにあります。おそらく自分の潜在意識は問題を知っているのです。でもそれを直視することが苦しすぎるので逃げています。

この本で自分の心の中を見つめることを勧めているのはそういう意味があります。内省を嫌がってスルーする方は、ほんとうの意味での豊かさへのアプローチがなかなかできないでしょう。

問題が起きている状態

何事も原因と結果なので、問題の種は最終的には自分の内側に見つかるはずです。でも、外側にある問題のほうが見つけやすく、内側と外側は表裏一体なので、外側にある問題を手掛かりにすることから始めます。

「問題が起きている状態」とは、環境にうまく対応できず、適応もできないために、不快な気分が生じている状態のことです。

問題の解決策はすでにあるのですが、自分がその解決策が「できる」（そうなる可能性がある）と思わない場合は、なぜか問題を発見できません。

渋谷で、ビルの壁によくスプレーで落書きがされているのを見かけることがあります。アルファベットが多いですが、意味のない単語です。でも完全な落書きではなくて、丸っこくて立体的なデザインがされています。色は黒であることが多いです。どの落書きを見ても、殺伐とした波動が感じられます。

一体誰がこの落書きを描いているのでしょうか。私はこの落書きを見るたびに「これを描いた子は、きっと絵が好きで、絵の才能がある。ちゃんとしたデッサンを勉強すれば、きっともっと素晴らしい絵が描けるようになる。それができないなんて何て悲しいのだろう」と思います。

「漠然とした不幸感覚」からするお金儲けは、ちょうどこの若者がスプレーで落書きをしているようなものなのです。

彼は、自分がデザイナーになれるともイラストレーターになれるとも思っていません。だから勉強をしようという欲求、願望が出てこないのでしょう。でも、絵をうまく描きたいといううずきはあるようです。彼が壁に絵を描くために、スプレーを買って深夜にその場所に来るという努力をしているのはその証拠です。

丸みのある、少し文字を重ねて立体感を出しているのは、それが彼にとっては表現できる唯一の技術だからです。渋谷の人通りの多い道で描くのは、それを誰かに見てもらいたいからでしょう。彼にはおそらく絵の才能が眠っているのです。でも自分は絵が描けないと漠然と思っているので、今はそれが凍結されています。

彼は、結果的に、壁の持ち主に迷惑をかけているし、下手をすれば警察に通報されて、刑事罰を科されたり、民事的に損害賠償を請求されたりするでしょう。

残念なことに、彼の自己表現は、誰からも認められず、誰も喜ばせていません。そのことを、環境に不適応な状態といいます。おそらく、彼には自分の生活や他者への不満が多いのではないでしょうか。彼ができた唯一の問題解決が、このように社会的に不適応なものだったのです。

まずゴールをイメージ化する

彼が不幸感覚から抜け出すために必要なことは、ＦＸでお金を儲けようとすることではないでしょう。

「僕には絵の才能がある。デザイナーになれる」と自分の可能性を知ることだと思います。できると思わなければ、願望も希望も生まれません。希望があって初めて「自分が具体的に何を望んでいるのか」を考えることができます。

でも、自分が「できる」と知ることができるのはなぜでしょうか。私たち一人ひとりはとても個性的で、宇宙の中でたった一人という特別な存在です。そして一人ひとりが神のメッセンジャーであるといわれています。

私たちは、誰もが自分の在り方を通して神のメッセージを伝えています。神のメッセージとは何でしょうか。あなたは自分の生きる姿を通して神の言葉を伝えるのです。それはどこかの経典に書かれていた言葉ではありません。

神が創った世界は「すべては一つ」であり「すべては十分にある」のが真実です。私たちは互いに分かれておらず、分かち合いの中で調和して平和に生きているのが真実です。あなたはそのメッセージを携えて生まれてきました。それを地球の仲間に伝えるために生まれてきたのです。

あなたの存在そのものが神のメッセージであり、そのために神である自分自身の才能を表現するように創られています。地球はあなたのために用意された白いキャンバスです。だからあなたは何でもできるのです。

大事なことは、自分の中に神を見つけて、それを表現することです。

もし詩を書くことが使命であれば、宇宙はあなたが詩を書くことを求めてきます。すべては一つにつながっているので、あなたが書きたい詩を書くようにあなたを励ましてくれる人が必ず現れます。

あなた自身の中にある神を信じてください。世界の中にある神を信じてください。神は愛であり、すべての人は神の愛の表れであることを信じてください。

希望がない状態は、絶望している、諦めているということなのです。自分が望むものがわからず、どこに向けて何をしたらいいかもわからず、無力感に苛まれている状態です。何を目指すべきか「的」が見えない状態で、何をしたらいいのかを考えても、自発的な行動は出てきません。

未来への希望がないときは、毎日がいかに苦しくて不満なものであるかばかりを繰り返して考える近視眼的な生活をしているでしょう。しかし未来のゴールやビジョンが具体的に見えているときは、いつも頭の中は「課題を解決したらどうなるか」「それはどういういいことにつながるか」という未来への期待や希望の思考で満ちるようになります。要するにそれがスピリチュアルでいう「ワクワク」なのです。

ガイドからサポートをもらうには

スピリチュアルなやり方で成功するためには、視野を目に見えない世界にまで広げる必要があります。霊界にいて、あなたと同じく宇宙とつながっていて、転生の中であなたと縁のあるガイドの方から、霊的なレベルでサポートをもらうのです。

あなたが、霊界のガイドの立場であったとして、地上の人間を助けるためには何が一番必要だと思いますか。それは、本人が「具体的に何をしたいか」をはっきり決めていることです。本人に希望も願望も何もない状態で「とにかく何でもいいから自分を成功させてほしい」と頼まれても、何もできません。

たとえば、石にも意思があります。ここからそこに移動したいと思ったら、宇宙を動かして、誰かにその石を蹴っ飛ばしてもらって、別の場所に行きます。それは石が「ここからそこ」に行くことを意図したからできたのです。石が「ここでいい」と思っていたら、何億年もそこにいるでしょう。

本人が「自分には何もできない」と思って、頑《かたく》なにその場を動こうとしないでいて、「自分をその場所に移動させてください」と願ったとします。ガイドが何とか人を動かして、蹴っ飛ばしてもらって、本人をその場所に置いたとしても、結局彼は何もできないでしょう。それだけの器ができていないからです。器がないということは、「その場所で何をするのか」がわかっていないというだけのことなのです。

器をつくるには、自分の目指す専門領域で勉強をしたり、働いて体験したりして、知恵を蓄えなければなりません。本人に一定量の知識がなければ、霊人がインスピレーションを送ろうと思っても送れません。

ある専門領域の概念を受け取る器があるというのは、一を聞いて十を知る力のことです。九の部分は、本人の過去世のパーニャパラミタからきます。でも一の部分には、今世の学

び と訓練が必要です。

つまり、スピリチュアルの知識だけがあっても、この世的な知識がない人は、神様の手足として役に立ちません。スピリチュアルな知識は、ほんの少しでいいのです。

ほんとうにやりたいことであれば、そのために努力が必要なわけではありません。楽しいから朝から晩までそれをやってしまうものなのです。その一歩を踏み出せるのは自分しかいません。

ガイドにはそういう未来が見えているので、本人のためにならないことはしません。まず本人に「何をしたいか」を自覚させるところから始めることになるでしょう。

ガイド自身は、本人の今世の人生の青写真も知っているし、本人の個性も才能も知っているので、いろいろな形でメッセージを送ってきます。

身近な人との会話の中に、たまたま目にした動画の中に、あるいは書店で手にしてたまたま開いた本のページの中に、街で見かけた広告の中に、夢の中に、神社のおみくじの中に、手がかりを与えてくれます。

よくスピリチュアルでは「シンクロニシティ」といわれます。意味のある偶然の体験のことです。私の場合は、自分に行動を促すときに、よく虫が飛んできます。自分の体験から直感でメッセージを読みとることが大事です。

ちなみに、スピリチュアルの古典である「神との対話」によれば、神が人に語りかけるときに使うツールは、体験のほか、感情、思考、言葉の4つがあります。最も深い感情の中に最も高い真実が隠されています。偉大な感情とは愛です。思考に関していえば、素晴らしい考え、最高の考えには喜びが伴います。言葉に関していえば、曇りのない言葉、あるいは透明な言葉には真実が含まれます。愛と喜びと真実が含まれていれば、それは神からのメッセージだといえます。

まず意識的に呼吸をすることから始める

ガイドからのインスピレーションを受けるために一番必要なことは、意外なことのように思うかもしれませんが、意識的な呼吸をする習慣をつけることです。意識的に深い呼吸をすることで、空気中に偏満する生命エネルギー（気のエネルギー、地球のエーテルエネルギー）を身体の中に取り込むことができます。

霊界から地上の人間にインスピレーションを送るときは、三次元の物理世界に働きかけることになるので、本人の生命エネルギーを使います。一種の物質化現象です。

従って、霊的な仕事をする人であればあるほど、意識的に呼吸をして、自分の身体の中に、気のエネルギーを溜めておく必要があります。これは、文章を書くときもそうですし、仕事をするときもそうです。そうしないと、霊人がインスピレーションを送ることができないのです。

ハワイのカフナという伝統宗教では「ホ・オポノポノ」の祈りをする前後に必ず「ＨＡ（ハ）の呼吸」という呼吸法をします。これは、呼吸によってためた霊的なエネルギーを使って、自分のアウマクア（親の霊）が祈りを物質化するための霊現象を起こすために必要なのです。

ハの呼吸は、７秒吸って、７秒止めて、７秒で吐いて、７秒止めるという呼吸を、７回繰り返すやり方ですが、要するに、長くて深い呼吸をすることで、自分の霊的な身体の中に空気中の光のエネルギーを取り込んでいるのです。呼吸は、吸う時も吐く時も、腹式呼吸（お腹を膨らませたりへっこませたりする）でします。

この呼吸法をするときに、次のようなイメージワークをしてみてください。

自分の背骨のところに、頭から仙骨まで、太い光のパイプが通っているイメージをします。

呼吸を吸うときに、パイプの上部と下部から、光のエネルギーが身体中に入ってくることをイメージします。

呼吸を止めたときに、パイプの中央からハートの中に光が流れて入っていくことをイメージします。

呼吸を吐くときに、ハートから全身の細胞に光のエネルギーが流れていくことをイメージします。

この呼吸法を、朝晩、数分間ずつやって、あとは忘れて一日生活してください。

これにより、日中にガイドからのインスピレーションを受けやすくなるはずです。

この呼吸法で得たエネルギーは、笑顔や、人を喜ばせる活動や、創造的な仕事や、人を癒したり、楽にしたりするために使いましょう。

物質化現象や、霊的治療も、みんな気のエネルギーを使います。できるだけ気のエネルギーを蓄えるようにすると、愛を与えやすくなるので、ますます愛と感謝のエネルギーが循環します。

知恵を得るためにも生命エネルギーが必要です。知識を知恵に変えるには、いろいろな体験が必要です。体験するには行動しなくてはならず、行動するには生命エネルギーが必要です。だから呼吸法が大事なのです。もちろん、呼吸法だけでなく、睡眠や適度な運動、食事、栄養が必要であることはいうまでもありません。

自分を否定する思いや、人を裁く思いがあると、余計な思考でエネルギーを消耗します。「宇宙の王様」「銀河の王様」で紹介した思いの持ち方を参考にしていただくと、いつも意識がニュートラルで、ありのままの心境でいられるようになると思います。

ガイドからサポートをもらうためにパワーストーンで波動を調整するやり方があることについては「銀河の王様」で紹介しました。

パワーストーンの中には生命エネルギーに関係するものがあります。古代の勾玉に使われた翡翠は陽の生命エネルギーと関係します。巫女が勾玉のネックレスをしていたのは、霊界からの神託を受けやすくするためでしょう。翡翠には陽の生命波動があるので、持つ人の受容性（陰）のエネルギーを強めると同時に男性性を補完すると思われます。巫女は霊に自分の身体を提供しますから、受容性が必要であると同時に、知性的に仕事をするためには男性性も必要なのです。

女性性を使って仕事をする人は、翡翠を持つと良いと思います。逆に、黒曜石を身につけると、男性性が増します。あまりに霊媒体質なら、女性性をバランスするために黒曜石を持つといいでしょう。黒曜石は魔除けの石として有名です。

あらゆる経験から学ぶ

人生は自分の中に埋まっている宝物を探す旅のようなものです。どのようなことでも、やりたいと思ったら考えなしに行動する、体験してみることをお勧めします。体験を通さなければ真に学ぶことができないからです。

「チャンスの女神には後ろ髪がない」といわれます。直感で「チャンス」と思ったら、「自分にほんとうにできるだろうか」とか「失敗したらどうしよう」とか「人からどう思われるだろう」などとあれこれ考えないで、とにかくまずチャンスの女神の前髪を掴んでください。

「チャンス」だと思えるのは、それが自分のステージを一つ上げてくれる場所だからです。その場所に行かなければ見えない景色があります。その場所に自分が収まることで初めて出てくる才能も知恵も力もあります。どんな人でも、その場所に置かれれば、ふさわしい行動ができるようになるのはそのためです。

世界と離れて自分がいるのではありません。世界との関係で自分が創られるのです。その意味で、ちょうど自分の肉体が自分の魂の衣装のようなものであるように、自分の居場所や立場も、自分の魂の衣装のようなものなのです。

私は音楽プロデューサーですが、人や自分をプロデュースする専門家です。誰かをプロデュースするとき、「自分は何者か」という「人からの見え方」を決めて、自分の視点をその場所に置くことから始めてもらいます。

あなたが新しい場所に行ったら、新しい自分を神様と一緒に共同創造します。新しい自分とは、自分が携えてきたメッセージを表現することです。

別の言葉でいうと、その場所で相手のために全知全能を尽くして、自分のできる最大限の努力をするということです。なぜなら自分は愛だからです。

相手のことを知るためにハートを使ってください。相手のハートに意識を集中して、アストラルエネルギーでつながって、直感を使ってください。相手のために祈ってください。

相手のために、考えなしに行動してください。

自分のステージが一つ上がったら、その環境に適応するために勉強してください。先生はどこにでもいます。すべての人から学んでください。

あなたが学ばなければならないカリキュラムは宇宙が考えてくれます。宇宙からの導きを素直に受け取って行動してください。

そのときに、本で読んだことや、誰かから言われたことは、鵜呑みにしないことが大切です。自分の中心軸として「神性」を置いて、納得できたもの以外は、距離を置くようにしましょう。神のメッセンジャーとなるとは、自分の神性を自由に表現して、そこで与えられた責任と役割を果たしていくことだからです。感性が大事です。

組織の中にいる限りは、必ず官僚主義の縛りにぶつかります。官僚主義は、人間の生の感情やエネルギーを無視して、過去のどこかの誰かが決めた行動だけを唯一の正しさとして、それに合わせるように強要してきます。そういうやり方は、風の時代にはふさわしくありません。

官僚主義を内側から切り崩していく人たちが必要です。ぜひあなたが古い地球のシステムを変える最初のドミノになってください。

これで第6フェーズを終わります。

変化は必然

変わるのを邪魔しなければ
あなたの世界は自然に変化していきます

水

フェーズ7

神々との共同作業

ライトワークとは無心に祈ること

神々となるチャンス

第7フェーズに進みます。

この章では、「宇宙の王様」や「銀河の王様」でお話した内容を踏まえて、皆さんがスターシードとして飛躍するためのヒントについてお話したいと思います。

私のコミュニティに集まって来られた皆さんの多くは、シリウス系のスターシードだと思います。シリウス人は頭が良く、女性なら個性的な美人が多いです。自由であり、束縛を嫌います。

特に今五〇代から六〇代の女性は、古い波動を調整する役割を担当されていた方が多く、地球の古い価値観の中では、アウトサイダーとして生きてこられたはずです。

地球人のネガティブな心理を理解するために、わざわざ過酷な生育環境を選び、傷ついた魂を癒すスキルを身につけた方もおられます。

この本にもネガティブな感情や思考のメカニズムを紹介しましたが、その内容が心に響いた方は、人を癒す力があるはずです。ご自分の身近にいる傷ついた魂たちを女性性の力で癒す仕事をしていただきたいと思います。

地球人は、分離意識と統合意識の二極に分かれていくのは事実ですが、潜在的には誰もが神の子です。スターシードには地球人の目覚めを促す使命がありますので、私たちは最後まで黒を白にひっくり返すオセロゲームを続けていかなくてはなりません。

そのために、地上にいるスターシードを、出身星の仲間たちはもちろん、銀河連合の高次元存在や、縁ある地球の神々が全力で応援しています。地球のアセンションに向けて、神々の世界でも統合が起きており、地上に降りた光の戦士たちの再編が進んでいると理解しています。

一昔前と比べて、スピリチュアル系の方の理解のレベルも上がっており、より波動の精妙なチャネリングメッセージを下ろせる方が増えてきました。

神の子の本性に目覚めた心ある人たちを、地球の神々（天上界）は決して見逃しません。この本も光の戦士たちを神々とつなげる波動調整のために書かれています。

今という時代は、誰にも八百万の神になるチャンスがあります。この章では、「宇宙の王様」や「銀河の王様」を読まれた宇宙系のスターシードの方が日本神道系の神々と協働して新たな地球を創造するアイデアのいくつかを紹介したいと思います。

拝金主義を中和させる

スターシードの皆様は、就寝後霊界に帰られたときに、ガイドを通して自分の担当業務の指示を受けています。宇宙系のスターシードは基本的に一人で任務を遂行します。普通の仕事をしながら、祈りを使ってライトワーク（波動を調整する仕事）をする人もいます。

地球系のライトワーカーは、グループで、地球を癒す祈りや、神社仏閣に光の柱を立てる祈りの活動をしています。彼らの祈りが地球のグリッドをアクティベートし、光のグリッドが強化されつつあります。

銀河連合がヒーリングウェーブを地球にもたらしたのは、宇宙系のスターシードを動かして地球系のライトワーカーを支援するプロジェクトの一環である可能性があります。

ヒーリングウェーブのオーナーの多くは、健康や美容目的で使用していますが、ライトワークのために使う方もおられます。自分の波動を常に愛と癒しの周波数に共振共鳴させることで、自分が動くエネルギースポットになります。

実はヒーリングウエーブには遠隔という使い方があり、それは祈りと同じ効果があります。地球へ向けて、直接、愛や、癒しや、デトックスの周波数を送ることができます。また、

「地球のために祈る人」に向けて、金銭や生命力の周波数を送れば、地球中の祈りのコミュニティに対するエネルギーワークをしていることになります。

話は脱線しますが、ヒーリングウェーブの周波数を増幅する装置として相性がいいのがフラーレンです。水晶には、波動を浄化するほか、波動のエネルギーを増幅する力があります。地球への祈りの意念も、水晶玉を通して行えば、エネルギーを増幅することができます。

水晶玉は、大きなものは非常に高価です。普通にお店で手に入るサイズは、大きくても直径が5~6センチです。これに対して、直径15ミリの丸玉を90個連結してつくったフラーレンは、9~10センチほどの大きさになります。

ヒーリングウェーブの平面スピーカーの前にフラーレンを置いて、愛の音と金銭の音を地球に送ることは、地球全体の拝金主義を中和させるために有効です。

ちなみにヒーリングウェーブのアプリは最近グレードアップし、スマホ版ができ価格も下がっています。

人類の大多数を占める善良な人たちに、愛と豊かさのエネルギーが循環することを意念して愛と金銭の音を送ることは、原因と結果、作用反作用の法則から見ても大事なことです。すべては一つにつながっており、自己と他者は別れていません。他者を豊かにすることは自己を豊かにすることでもあります。主語をなくして、自他一体の思いで、地球のすべての生命が豊かであるようにと意念を集中することは、集合意識の波動を高めるだけでなく、豊かさのエネルギーが自分にも返ってくることになります。

吉田統合研究所に集まっている宇宙系のスターシードの中には、地球に豊かさをもたらす仕事をされている方もおられるように思います。

光の柱を立てる支援をする

「銀河の王様」の中で、日本各地に「光の柱」を立てているグループがいるという話をしました。「光の柱」とは、祈りによって地上の霊的磁場を浄化し、光のグリッドを広げることを通して地球の波動を上げる活動です。

祈りという霊的な活動は、思いの方向性を一つ間違えると危険が伴いますが、特別な能力がなくとも地球に貢献できるライトワークの一つです。日本人が本来の波動を思い出していくためには、全国に無数の光の柱が立ち、日本中が光の磁場で覆われなくてはなりません。以下の情報は、これまでごく一部の人にしか知られていなかったものです。

人が祈る（意念を集中する）ことには物理的な力があります。祈ることで世界の現実を変えることができるのです。霊界においては、祈ることは一つの行動です。心ある地上の人間が祈ることで、光の柱が立ち、多くの迷える魂たちが救われていきます。

光の柱を立てるには、建立する場所に「神の愛に同通した人間」が実際に3人以上集って祈ることが必要です。一人だけでは光の点にしかなりませんが、3人集まると面ができ、光の柱を立てることができます。

光の柱は、いわば、地上界と霊界をつなぐ光のエレベーターのようなものです。迷っている霊がそこを通って天国に帰る霊的な通路です。科学的な言い方をするならば、魂を霊界に引き上げるエネルギーの流れを作ることです。

幽界で迷っている魂は、思いが低い次元に同調しているために、波長同通の法則で地上に引っ張られているわけです。そのエネルギーよりも、霊界に引き上げるエネルギーの方が強ければ、光の柱に近づいた魂が吸い寄せられ、引き上げられていくのです。それだけの救済の思いのエネルギーが必要です。つまり光の柱とは「迷える霊を救いたい」という、天界の霊人と、地上界の人の愛の思いが具体化された、物理的な想念エネルギー体であるとも言えます。

天界の霊人たちが「光の柱を立てたい」と思っても、霊人たちだけではできません。地上世界は三次元の物質世界なので、肉体を持った人が媒体となる必要があります。その意味で光の柱を立てるのは霊界と地上の人間の共同作業です。

光の柱を立てるには、高次元の光の世界に同通する愛の思いが不可欠です。神の手足として、ただただ無心に祈る姿勢のある人にして初めてできる仕事です。自己本位な思いや怒りなどの不調和な思いのない、清浄で純粋な思いで臨むことが必要です。

大事なのは純粋な愛の思いです。ある人が出した思いは、宇宙にエネルギーとして発信されます。いくら表面的に祈りの言葉を唱えても、思いが伴わなければ、無力であり、無意味です。

祈り方や形に決まりはありません。心から多くの方々の幸せのために愛の思いで祈るだけです。光の柱を通して多くの人々を救済したいという神々の願いを、みずからの願いとしてお役に立たせていただく姿勢が大切です。

光の柱が実際に立ったかどうか、結果については保証されていません。磁場が悪い場合などには立たないこともあります。愛の思いで心から祈ったなら、愛のエネルギーはこの地球上に確実に発信されているので、祈りは無駄ではありません。

意念としては、実際に光の柱が立ったことをイメージしながら、「光の柱を立てたまえ」「天地をつなぐ光の通路をつくりたまえ」などと祈ります。また、「地球が浄化されますように」「多くの方々の魂が救われますように」「神様のご計画が成功しますように」などの思いも込めるます。祈りとは神様との対話ですので、自分自身の言葉で祈ることが大事です。

祈りは、最低3分間は続けます。すぐにやめてしまうと柱のエネルギーが安定しないので、3分祈ることが大切です。

祈りはエネルギーであり、どんなに遠く離れていても届くことから、その場にいない人が同じ時間に現地に向けて祈ることで祈りの力を増幅し、より太い柱を立てることもできるます。これを「遠隔の祈り」といいます。

一度立った光の柱は、そこから救われる人が増えるにつれ、どんどん太くなっていきます。反対に、柱が使われなかったり、そこの磁場が悪かったりすると、柱が細くなったり、なくなることもあります。そのため、一度立てた場所に再度訪れ、光の柱の祈りをすることも必要です。これを「補強の祈り」といいます。

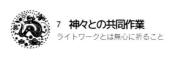

注意すべきこと

「光の柱」は、迷える魂の救済のために神々が地上に下ろすアンカーです。芥川龍之介の「蜘蛛の糸」のようなものです。読者の皆様が自分も「光の柱」を立てたいと思えば、それも可能です。日本各地に、できるだけ多く光の柱を設置するのは天界の霊人の願いであり、特定のグループの専売特許ではありません。ただ実際には、神々と同通する思いを持った人間が祈らなければ立たないというだけです。

唯物主義、拝金主義に汚染された現代では、そもそも「祈りに物理的な力がある」ことを信じられる人がほとんどいません。それが違和感なく受け入れられるとしたら、その人は認識力が高いのです。

祈りの場所は、神社やお寺の境内、教会、自然の多い場所、公園など、できるだけ磁場が良く、祈りに集中できる場所を選びます。時間は原則として日中に行います。

神社仏閣に光の柱を立てさせていただく場合、祈りの前に必ず拝殿で参拝して「今からここで光の柱を立てさせていただきます」と、御祭神にご挨拶します。これは、境内をお借りして祈ることへの礼儀としての挨拶です。

光の柱の祈りそのものは、これとは別に、最低3分間、天上界に向けて祈ります。最後、境内を去る前に、再度、御祭神に「この場でお祈りさせていただき、ありがとうございました」と、お礼の参拝をします。

光の柱の建立に協力してくださる神々は御祭神とはお役目の違う高次元霊です。光の柱の祈りは、御祭神に対してではなく、いついかなる場合でも、天上界に対して行うものであることを忘れないでください。

光の柱は、祈っているその場所に立つとは限りません。境内のもっともふさわしい場所を天上界が選んで立ててくださるので、祈る場所にこだわる必要はありません。静かに集中できるところで祈ります。

祈りは、必ず天上界に向けて行います。思いの向け先に注意してください。決して地獄霊や浮遊霊に向かって「この光の柱からお帰りください」などと呼びかけてはいけません。波長同通の法則により、思いを向けると、地獄霊にとり憑かれて、エネルギーを奪われたり、体に不調が現れたり、精神的に不安定になったりすることがあり、大変危険です。

同じように、非常に磁場の悪いところ、自殺の名所や、悲惨な事件があった場所での祈りはしないでください。亡くなった方が、地上の人間にしがみついてきたり、とり憑かれたりすることがあります。非常に地獄的な磁場ができている場合は、祈る人の心次第で、地獄界への通路ができてしまう可能性もあるので、とにかくそのような場所で立てようとはしないでください。

スターシードのライトワーク

第6フェーズで、意念により地球のグリッドエネルギーがアクティベートするという話をしました。「思考はエネルギーであり物理的な力がある」「霊界の魂と三次元世界の魂で共同創造できる」というのが精神科学の原理的な理解です。

光の柱は地表から垂直方向に立っていますが、両端は、地球の中心と、地球の周りのグリッドラインの交点です。グリッドラインの交点の下がエネルギースポットになっており、そこに神社や仏閣ができています。

新たに光の柱を立てると、その場所の上空のエネルギーグリッド層のある次元に、霊人が新たな光の拠点（エネルギースポット）を創り、そこが新たなエネルギーラインの交点となります。地上の光の柱の周囲には、霊界と同じ光の波動が満ちるようになります。そこを通して救われる人が増えれば、光の柱はさらに太くなります。

光の柱が増えていくにつれ、点が線になり、線が面をつくり、面の内側の磁場が、天界と同じ調和した波動になっていきます。この光の拠点は地球の物理次元がアセンションしていく時のエネルギー回路になります。

一人だけで光の柱を立てるときは、鉛筆くらいの細さの柱が立つようです。迷える魂がそこを通って霊界に帰ることはできませんが、光の柱と同じように、地球の中心からその場所の上空に向かい、光の柱が立っています。要するに、天国の波動が、天地を貫いています。たまたま、その光の柱が通る場所の地下に地獄界の領域があるときは、地獄霊からすれば、暗闇の中を強力な光で照らされたような感じになります。

細い光の柱が立っている周囲は、天上界の波動で光のドームができる感じになります。闇の存在に憑依された人がそこに近づくと、後ろにいる闇の存在からすれば、エネルギーが逆に吸い取られるような、霊的なトラップを仕掛けることとなります。光の柱がある場所には、闇の存在が近づきにくくなるので、人が集まる場所などに光の柱をたくさん立てることは、闇の存在との戦い方の一つでもあります。

日頃からグループで光の柱を建てているある方の話では、たまたま通りがかった神社の波動が非常に悪かったので、思わず一人でその神社の境内に入って、光の柱の建立のお祈りをしたそうです。その方はいつも日本神道系の複数の神々の名前を呼んで祈っている方です。そのときは、それっきり祈ったことを忘れていましたが、しばらくしてその場所の前を通ったときに、神社の波動が全く明るく変わっており、驚いたそうです。

霊的な磁場の浄化

これは、「光の柱」を立てている、あるグループの方から聞いた話です。この方を仮にAさんとします。

Aさんの知り合いに、ある宇宙系のライトワーカーのBさんがいました。Bさんの知人の先生が務める高校のある場所がとても磁場が悪く、たくさんの不成仏霊がいて、ポルターガイスト現象が起きて、生徒や先生にイタズラをするので困っていました。

そこでBさんがその場所を浄化したいということでAさんに一緒に「光の柱」を立ててほしいといってきました。Bさんの仲間と現地に行って、光の柱を立てたいので手伝ってほしいというのです。

Aさん自身は、それまで神社仏閣には光の柱を立てていたけれども、浄霊を目的として光の柱を立てることはしていませんでした。

実は、Aさんは、Bさんは「迷える霊を救いたい」という思いよりも、「地上で迷惑をかける霊を取り除きたい」という思いのほうが強いことを感じていました。また「早くしなければ」という焦りの気持ちも感じました。

「光の柱」は天上界と波長が同通しないとできません。「光の柱」と「浄霊」は違います。

Bさんが、神様の思いを思いとしているなら、導かれるままに淡々と光の柱を立て続けるはずです。もちろん迷える霊を救うことは大事なのですが、立てる人の思いが、とにかくその磁場の悪い場所をなんとかしたいということであるなら、自分のために神様を利用しようとする危うさを感じます。一歩間違うと、低次元霊に同通して憑依されてしまうことにもなりかねません。Aさんは、闇の存在が、霊的なことに疎いBさんの善意を利用して、Aさんを陥れるために仕掛けたトラップである可能性も考えました。光の仕事をする人（つまりAさん自身）は狙われます。その場合は、AさんがBさんに協力することで、Bさんも危険にさらすことになります。

「光の柱」を立てることは、霊能力の類いではありません。霊性の教えを正しく理解していることが必要です。

Aさんは、そのポルターガイスト現象については、なんとかしないといけないと思ったけれども、現場に行くのは大変だし、一人で行ってもちゃんとした光の柱は立たないだろうと思いました。

その代わり、グーグルアースでその高校の画像を検索して、遠隔で光の柱の祈りをすることにしたそうです。

その高校の周りに、ちょうど三角形をつくる位置に3つの小さい神社があったので、光の磁場をつくるためにその神社の上に画面上で小さなサークルをつくって、光の柱の範囲を指定して、そこに光の柱を立てるお祈りをしました。

磁場の悪いところを浄化するには、いきなりその場所に光の柱を立てるのではなく、その周りに光の結界をつくって、最後にその場所に光の柱を立てることが定石です。

そのあとで、その高校を中心にした大きなサークルを描いて、そこに巨大な光の柱が立つように祈りました。

そのとき、そこにいる迷える霊に思いを向けることはせず、ただそこに「圧倒的な神の光が満ちますように」「愛のエネルギーが満ちますように」「巨大な光の柱が立ち天上界と一体となる愛のエネルギーの磁場ができますように」「この光の柱を縁として地上と地獄のすべての人が救われますように」「迷える霊たちが、本来の神の子、愛の光としての姿に戻りますように」「すべての人が幸福になりますように」というような思いを、それぞれの場所に数分間送ったそうです。

Aさんはそれきりそのことは忘れていました。

それから数ヶ月経ってAさんはBさんから連絡を受けました。

Bさんはその後、改めて集めた仲間と一緒に、その磁場の悪い高校に光の柱を立てるために、車で訪問したそうです。ところが、現場に近づいたら波動が全く変わっていました。以前は、近づいて屋根を見ただけで地獄的な波動を感じたのに、それが全く感じられなくなっていたので、驚いたそうです。

「Aさんが光の柱を立ててくださったのですね」というので、Aさんはことの顛末を伝えました。

この場合は、浄霊という特殊なケースで、一人で、しかも遠隔で行ったにも関わらず、実際に現場に光の柱が立ったのでした。

Bさん自身は、自分のガイドから「光の柱を立てるように」とずっといわれ続けてたのでした。レイキヒーリングもでき、自分は選ばれた特殊能力者であるという自負心を持っていました。

Bさんは Aさんから自分の心境を指摘されていったんは協力を断られたけれども、その場所を浄化するという願いは実現されたという体験を通して、ライトワークにほんとうに必要なことは何かを知る機会を与えられたのではないかと思います。

霊的な仕事をする人は「自分が」何かをするというエゴの思いを捨てなければならないのです。

大地のエネルギーを流すワーク

第3フェーズで地球のグリッドの話をしました。地球の外側には、グリッド状のエネルギー網が取りまいています。

地球にはもう一つ、テルリックラインという、卵形をしたエネルギーの経路があります。これは肉体に関係があるエネルギーの経路です。人間の身体の中に経絡が通っているように、地球の霊的な空間にも経絡が通っています。

有機体を育むことができる惑星をテルルの惑星と言います。星にはガス体のものもありますが、地球のようなテルルの惑星には鉱物があります。肉体はテルルのエネルギーによって進化を続けていきます。このエネルギーが、化学物質の変化を起こします。

テルルのエネルギーはテルリックラインを通ります。肉体の経絡と、地球のテルリックラインの間にはエネルギーの交換があります。エネルギーワークやヒーリングの時に触れているのはこのエネルギーです。ヒーラーはよくヒーリングのために、音や音叉を使うことがありますが、音叉はテルリックラインと関わりやすくします。

自然の環境がテルリックラインとつながりを持つと、その部分が活性化します。そのため、テルリックラインがある場所が地球の中で最も物理的に進化した部分であり、最も身体の進化に適したコミュニケーションの場所です。スピリチュアルでＤＮＡのワークが行われるのは、テルリックラインの上です。

大地からエネルギーを身体に取り入れるには、テルルのエネルギーと身体の周波数を共鳴させます。自然は地球と共鳴していますが、テルリックラインの波長は、自然の周波数より１オクターブ高くなっています。

大地のエネルギーを取り込むためには、テルリックラインと関連していると思われる、自然が豊かな場所に行きます。ゆっくりした深い呼吸を繰り返して、身体の意識を鎮めていきます。全身でエネルギーを感じて自然に身体を溶け込ませます。地球への感謝の思いで、木々の精霊や、大地や風や水の精霊と一つにつながるイメージをします。

この豊かな自然は、テルリックラインから地球の経絡のエネルギーを受け取っています。自然が発する音（周波数）を感じて、自分の周波数をその音と共鳴させてください。自分の持っている周波数を、自然が持っている周波数と調和するように調整してください。

その時、自然を通して、地球の持つテルルのエネルギーが自分に流れてくることを意図してしてしてください。

エネルギーを他者に流す

地球意識も人間と同じように一つの生命体です。大地は地球の体であり、地球上の鉱物、植物、動物、人間の王国で行われる生命の営みに必要なすべての素材がすでに用意されています。

私たちが魂の体験ができるのは、子々孫々肉体を維持できているからであり、地球が惑星の環境を用意してくれて、テルルのエネルギーを供給してくれているからです。

地球は霊性進化のためのエネルギーも与えてくれています。人間の霊体は玉ねぎのように多次元の体が重なっています。それぞれの霊体が活動するための光のエネルギーが、太陽から地球に送られ、地球のエネルギーグリッドを通して、多次元世界に供給されています。

宗教的な表現をすれば、このエネルギーは、地球意識が持つ、すべての存在を生かし育む愛の思いです。地球の愛が、私たちを生かしているのです。この思いが、実在するエネルギーとして表現されています。地球上のすべての生命は、地球意識の愛という基盤の上で活動しています。地球意識に生かされていることに気がついて、感謝することが、地球の細胞として、地球と共に生きる始まりです。

地球に「私にこれから何が起こるのでしょうか」と聞いたら、地球は「知りません」というと思います。それは地球が決めることではなく、自分で決めることだからです。でも「私と一緒に人生を旅してください」と言ったら、喜んでそうしてくれます。地球意識は、人間が人間としての体験ができるように、すべてを与え尽くしています。

「私が他者を愛するためにあなたのエネルギーを使わせてください」と言ったら、喜んでそうしてくれるでしょう。

大事なことは、地球への感謝の思いと、愛の思いです。エネルギーを送るのは、自分ではありません。相手を癒すことを宇宙が望んでいるから、そのエネルギーの流れは自然に起きてきます。自分はそれをただ眺めるだけです。

どういうエネルギーが流れるのかはお任せです。相手が必要とするエネルギーが与えられることをこちらが知っていれば（確信していれば）そうなります。

もしあなたの前に愛が欠乏した人が現れたら、毎日数分でいいので、その人のために地球と一緒にエネルギーを送る意念をしてください。

その方が本来の愛の個性を発揮して、さらに幸福になるように意念してください。

これは完全にボランティアとして行うワークであり、相手にも誰にも知られずにするものです。良いことをするという自負心があってはいけません。

愛のエネルギーが相手からさらにその周囲の人に流れていくと、地球に愛のエネルギーが循環するようになります。

これで第7フェーズを終わります。

無私なる思い

霊的な仕事をするときは
自分がという思いを捨てなければなりません

祓

フェーズ8

龍神の王様

八百万の神々となる条件

豊かさとは創造する力

このフェーズは最後の章になります。

この本では、地球の次元上昇に伴って、人々のお金に対するアプローチが変わることを説明してきました。

簡単にいうと、宇宙には法則があり、意識の力で、宇宙の創造原理を働かせることができる。自分の個性と使命を自覚して、宇宙の流れに乗って愛の具現化をすると、結果として誰でもが豊かになることができる、という話でした。

豊かさの差とは、それぞれの人が持つ創造力の差でもあります。私がいう「人間力」とは、「創造力」のことでもあります。

お金の面での創造力の強い人は、過去にそれだけのトレーニングを積んでいるから具現化する力が強いともいえます。

神々の中には、諸天善神と呼ばれる人たちがいます。諸天善神の中でも、人間に財運を授ける神様として大黒天や荼吉尼天《だきにてん》が有名です。芸能関係の神では弁財天がいます。これらの方たちは神格を持っています。担当する仕事が人間の世界に関係していることから、人間界に近いところにいますが、必ずしも神様としての格が低いわけではありません。彼らもかつては人間であり、それぞれの専門領域で最高度に進化した存在なので、人間の先生としての役割を担っているわけです。

彼らは特別な創造力を持っており、その力を借りれば、一人ですると十年かかることを一年でできることにもなります。

私自身は、魂の個性として、戦いと芸能の二つの面があり、世が世なら武将として生まれていた可能性もあります。直感的に魔を切ることができるのは、そういう魂だからです。元々はシリウス出身ですが、アセンションの仕事をするために来ているので、日本人として日本の神々にお世話になっているのです。

神に頼ってはならない

人間は地上に生まれてくると、霊界にいたときに比べ認識力が十分の一以下に落ちます。物質世界に生きることは、霊的なものを潜在意識の中に沈めることを意味します。そのため人間は誰でも、暗闇の中を手探りで進むような状態になり、神に頼りたくなります。

神といっても、本物の神と偽物の神があります。凛とした波動、霊域の中におられる神は、本物の神界におられる神霊と考えて間違いありません。

しかし、そもそも人間の側が神に頼ることが問題です。人間は神の子としての自覚を持ち、霊的に自立しなくてはいけません。自立するとは、神性という中心軸を持つことです。

もし人間として当たり前の義務を果たさず、当たり前の努力もしないで、諸天善神を騙《かた》った低級霊に操られるようになったら、地上で生きる目的が達せられません。そういう危険と隣り合わせであるので、心ある人は、神様ごとには近づかないのです。

ただ、ある人が、大きな志を持って社会を変えていきたいと思ったときには、神界の神様がエネルギー的に支援して、その人の社会への影響力を上げてくれることがあります。ここでいうエネルギーとは、知恵であったり、生命力であったり、愛のエネルギーであったりします。それが私のいう「人間力」でもあります。

神様に支援してもらえる人は、志を持って無私の気持ちで本気を出した人です。過去の偉人たちは皆そうでした。

元々の霊格が高く、神様の仕事をする使命を持って生まれた人は、目覚める前に大きな試練に出会います。計画通りに人生が進めば、ある時期に使命を自覚して霊的な指導を受けるようになります。そのときに、神様のおかげで達成できたことを、自分の力であるかのように勘違いして、謙虚さを忘れて転落してしまう人もいます。

日本の国土と龍

龍は日本の国土をつくった存在です。八百万の神々が、政治的・文化的な面で日本の国をつくったように、日本の自然環境をつくったのは龍です。

よく、日本は世界の雛形だといいます。実際、日本と世界は相似形になっています。国土の形だけでなく世界の中にあることや起きることは日本にもあったり、日本でも起きることが多いです。

これは決して選民思想でいうのではないのですが、二〇〇〇年以降の日本は、地球の中でもユニークな立ち位置にいます。これは千賀一生さんが「ガイアの法則」という本の中で語っています。宇宙のリズムの中で地球の文明の移動サイクルがあり、ちょうどこれからの800年は日本が地球文明の中心になります。

三万七千年前、レムリア文明が栄えていたころ、日本列島に「超感覚的な人々」がやってきました。彼らは円形集落をつくり、大樹や大地と融和して暮らしました。旧石器時代から縄文時代にかけて、日本には高い霊性にもとづく完全調和社会があったのです。

人間の魂に輪廻転生があり、一つの人生で獲得した知恵がパーニャパラミタとして引き継がれて、次の人生で自分の資源になるように、文明自体も、過去の文明のエッセンスは霊界に残り、次の文明ではその成果物が種となって、さらに新たな知恵を蓄積していくような仕組になっています。

あらゆる文明は霊界から下ろされるのですが、超古代の日本文明が達成した成果を種にシュメール文明がつくられ、その文明の成果が種となって今回の日本文明がつくられたという関係になっています。

龍が日本の国土をつくったのは、レムリア文明がはじまるさらにそれよりもずっと前です。龍とはそういうスケールが大きな仕事をする存在です。

天界の最高次元には、この地球の文明をどういう方向で進化させていくかを決めている神々がおられます。その神々の計画を実行するために、さまざまな天使たちがそれぞれの役割を担って人類を進化させています。龍神も人間が生きるためにどうしても必要な自然環境を管理する役割を担って、側面から支援をしているわけです。

龍神が願うこと

龍とは龍族という宇宙人の一種であるという話をしました。赤龍は政治や経済、黒龍は戦い、金龍は金運、白龍はヒーリングなどと力で分類するのは、人間に色々な個性があるように、龍にも色々なエネルギーの個性があるからだと思います。人間なので魂に個性があるのは当然です。

これに対して龍神とは、龍が進化して神々の仲間入りをした（神格を持った）存在のことをいうと理解します。

地球の霊界は、大きく二層に分かれています。いわゆる霊界と、本質的な存在の世界（最高度に進化した魂のいる世界）です。霊界は宇宙的にみると第三密度から第五密度、本質的な存在の世界は第六密度に相当すると思われます。

第五密度以上になると、肉体はなく光だけの存在になります。「密度」とは、ある星が宇宙におけるどの進化レベルにあるかを示すものです。「宇宙の王様」で詳しく説明しましたのでご参照ください。

要するにそのあたりで普通の人霊の世界と、神々の世界が分かれているのです。

龍も進化すると天上界に入っていきます。天上界には、神道系の神様でいえば、天之御中主神とか、日本武尊《やまとたける》とか、女神であれば天照大神とか、木花開耶媛命《このはなさくやひめのみこと》といった神霊が存在します。これらのいわゆる表の世界で頑張っている神々たちが、龍神と一緒に活動しています。

素戔嗚命《すさのおのみこと》や、役小角《えんのおづぬ》などの裏系の神々は、自身が破格の創造力（超能力）を持っています。彼ら自身も龍使いですが、地上でいえばお相撲さんやプロレスラーのように力が強いため、ことさら龍に守ってもらう必要はないのでしょう。

表側の神々は、地上でいうと、ＶＩＰのような存在で、力が強いわけではないのでＳＰに守ってもらわないといけないのだと思います。諸天善神の中には地上に降りた仏様を守ることを役目とする不動明王や三宝荒神などがいますが、わかりやすくいうとそんな感じだと思います。

龍は次元を越えることができるという話をしました。龍神ともなると、天上界と地上界を行き来できるわけです。天上界には、無限の富のエネルギーがあります。龍神はそのエネルギーをこの三次元世界に下ろしてくることができるのです。

龍のエネルギーのスケールは人間とは違います。龍とはそもそも大宇宙の生命を守る役割を与えられている存在です。人間世界のことで龍神にできないことはありません。何しろ、日本列島をつくってしまうくらいの破格のエネルギーを持っているのです。

ポイントは、龍神は表側の神々と一緒に働いているということです。龍神は愛の循環のために働く人に天上界のパワーを降ろしてくれるのです。

龍神は優しいお爺さん

日本各地に龍宮界という特殊な霊界があります。それはちょうど浦島太郎伝説のように水の中にあり、乙姫様がおられるそうです。龍宮界の龍女は穢れを極端に嫌うので、なかなか地上に転生することはありません。日本武尊の奥さんだった弟橘媛や、乙姫様のモデルになった豊玉姫が有名ですが、龍女は皆絶世の美女です。

あるスピリチュアル情報によれば、龍女には必ず頭の禿げたヒゲのお爺さんがお付きとしてついています。お爺さんはみんな似たような感じで、ちょっと見ただけでは見分けがつきません。実はこのお爺さんが龍なのです。乙姫様たちは神格を持っているので、お爺さんたちも神格を持つ龍神でしょう。

龍女は極端に穢れを嫌いますが、龍は自然霊でもあるので、最高度の女性性を持つ人霊である日本神道系の女神様とは相性がいいということなのではないでしょうか。

それくらいの純度があるので、龍神も穢れを嫌うでしょう。龍神は自然霊であり、自然は人間を生かす存在ですから、龍神自身には人間的な欲はほとんどなく、ただ奉仕するだけの存在なのではないでしょうか。

龍神と波長の合う人

そもそも龍神は、龍の星で全宇宙のためにミスマルノタマを守っている存在です。ミスマルノタマとは、魂の元になるエネルギー、宇宙のすべての生命の胚となる生命エネルギーです。

生命の源を守るということは、源の神の直轄の使命があるということでしょう。龍とは、それだけ聖なる使命を持つ存在なので、強い戦闘力を与えられているわけです。

戦闘力とは、想念エネルギーの大きさでもあります。

龍が神道系の神々と一緒に地球にやってきたのは、神道系の神々が重要な使命を帯びているからでしょう。日本人が次世代の銀河の見本になる資質の一つを持っていることがこのことからもわかります。

龍が持つ「生命力」は、自然霊として自然の生命をアレンジして世界に豊かな自然を生み出す力です。私がいう「人間力」とは、愛のエネルギーである神の代理人として、人間としてすばらしいものをこの世界に創造することです。

龍に守ってもらう人になるには、龍がやっている宇宙的な仕事の仲間であると認めてもらうことではないでしょうか。要するに龍神はスケールの大きい、神様になろうとしている人と波長が合うのです。

日本神道系の神様は、ムーやレムリアの時代から自然の一部として一つにつながる教えを大切にしてきました。実際に自然とつながる儀式や精神を大切にする点でも、龍と相性がいいのだと思います。龍が日本神道の八百万の神と一緒に働いている所以です。

ヤマト時代には、高天原すなわち天界からたくさんの八百万の神々が日本の礎をつくるために生まれました。彼らはその後も転生を繰り返して、日本の地に高い精神文明をつくり上げました。

明治時代には、西洋列強の侵略から国を守るために、天上界で呼び集められた多くの英雄たちの魂が下生し、日本を近代的な国につくり変えるために働きました。明治の志士たちや明治の元勲たち、軍人や経営者などの偉人たちの多くは、神格を持った魂であり、八百万の神々でした。彼らのことを龍神が守護していたのです。

坂本龍馬には、たくさんの神々がインスピレーションを送っていたはずですが、地上で龍神が彼を守っていたのはその名前からも明らかでしょう。

今の時代では、新しい地球をつくるために神々と一緒に働く人が八百万の神々であり、そういう人を龍神が守るのです。龍神にお願いするのではなく、龍神が守りたくなるような人になることが先決でしょう。

龍神に守ってもらうには

龍神が守りたくなるような人とは次のような人たちです。

①神様のために働く人

神様のために働く人に龍神がついて守ってくれます。ここでいう神様とは、「地球神霊」のことです。龍神は神様ですから、自分と同格の霊格を持つ魂でないと、波長が合わないので守護してくれないでしょう。今回の地球のアセンションを実現するために、地上で神々の代弁者として主体的に活動する人なら龍神の守護を受けてもおかしくないでしょう。

②光の柱を立てる人

地球のエネルギーを体感して、神道系の神々と一緒に日本に光の柱を立てる仕事をする人も、魔から妨害されないように、龍神がついて守ってくれるはずです。祈りの仕事をする人は貴重な人材だからです。龍神は自然霊なので、自然のエネルギーを体感できる人に親しみを感じてくれるでしょう。

③大きな事業をする人

自分の個性を使って地上に愛を循環させる大きな事業をする人も龍神が守ってくれるので

しょう。龍神のエネルギーはスケールが大きいので、龍神をつけてもらえる人とは、神様がその人に投資をしているようなものです。大きなリターンを期待して「君の事業を具現化するために、龍神を貸すよ。龍神の力を十分に使いこなしなさい」といわれるのです。

あなたが事業をしたいという友達にお金を貸したとして、一年たってもその友達が実際に事業を始めなかったら、あなたは残念に思うでしょう。お金を貸すのは、事業を大きくすることを期待して貸すわけですから。

だから、少なくとも、神様に龍神をつけてもらうよう頼む前に、あなたなりの「地上に愛を循環させる計画」をつくってほしいのです。愛のエネルギーを何倍にも増やしてくれることを神は期待しています。

龍神がつけば何でもできるようになるのですが、「自分は何でもできる」と思わない地上の人間が多すぎるのです。

神様にお願いする

神様も人間と同じです。つまり、お願いごとをするときは生きた人間に対すると同じように神様をリアルに信じていないといけません。ファンタジーだと思ってはならないのです。

銀行で融資をお願いするときには、ちゃんとした事業計画をつくって持っていくはずです。その事業を始めても不安がないだけの実績を積んでいることをプレゼンするはずです。デザイナーでもイラストレーターでもポートファオリオをつくって公開しています。これまで何をしてきたのか、ちゃんと三次元的に経験を積んでいることがわかるようにするでしょう。神様に説明するときも同じようにすべきです。

祈りを通して神様にお願いするやり方は「宇宙の王様」に詳しく書きましたので参考にして下さい。ちゃんと計画をつくって、想念レベルで実体化させてから、神様に届けてください。

龍神は役割上、主体的に動くわけではないので、龍神に対して直接「自分についてください」とお願いするのではなく、日本神道の神様に「龍神をつけてください」とお願いしたほうがいいと思います。

私がお勧めする神道系の神様は、木花開耶媛命です。東京近郊ですと、東急線の多摩川駅の近くにある多摩川浅間神社の主祭神が木花開耶媛命です。

浅間神社に行って自分を名乗り、ジョウスターの『龍神の王様』を読んだこと、これから地球を愛の星にするために自分が具体的に何をするかを伝え、十年後に自分はこういうことを実現します、だから自分が考える「愛を循環させる事業」を成功させるために龍神を派遣してください、とお願いしてください。

そうしたら、必ずその事業を始めてください。少なくとも毎年一回、成果を報告しに行ってください。

神道系の神々の願い

今、日本の神々は、彼らの使命の最終段階に来ています。

三峯神社には日本武尊が祀られています。実は私が三峯神社に行って、そのエネルギーの磁場に入ったときに、あるインスピレーションがありました。

「地球上のすべての人たちを神々にしてほしい。私たちが日本でかつてそれをしたように」というのです。

日本神道の神々が望んでいることは、地球中のすべての人たちが神々になっていくことです。今回のアセンションにおいては、神のような誰か、いわゆる救世主が中心となって時代を創るのではなくて、一人ひとりが、自分の神性が一番尊いことに目覚めて、自分たちが生ける神となって仕事をしていくのです。

過去の八百万の神々は、ただそれをやっただけです。

天照大神も、日本武尊も、みんなその時代にいたときは普通の人間でした。一人でも多くの方がたを幸せにしようと生き抜いたことによって、神といわれるようになったのです。

私たちも同じです。その自覚を持って頑張って今回の人生を生き抜いた者たちは、やがてあの神社の内側に入っていくのです。神々は、私たちが目覚めて、神になって、神の世界の中に入って来ることを待っています。

もう一つ、「日本神道の神々の教えを伝えてほしい」という思いも伝わってきました。若い人たちが次から次へと本殿に参拝して手を合わせていかれます。彼らがそれほど神々を慕って参拝していても、今の神社にはどういうふうに彼らを幸せに導くかという教えが残っていないのです。

その教えを教えるのは私たちの役目だと思います。神社の神々がかつて地上に降り立ったとき、大自然の心を通して人々を幸せにする道をちゃんと伝えていました。でも、今は儀式や礼拝しか残っておらず、教えがありません。だから、今神々に手を合わせている方々に、日本の神々の教え、自然と一つになる教えを伝えないといけないのだと感じました。日本神道の神々の切実な思いが伝わってきて涙が出ました。

八百万の神々の覚悟

思うに、日本神道の教えは、現代のスピリチュアルの教えに非常に近いものです。神は外にあるのではなく、宇宙も地球も大自然もすべてが神のお体であり、自然の奥には、愛であり生命でもある神がいるという世界観です。

アメリカのニューソートには、「オーバーソウル」という概念があります。一人ひとりの人間の魂は、たくさんの魂の集合であるハイヤーセルフにつながり、ハイヤーセルフは人間の王国だけでなく自然や星々の魂ともつながっているという理解です。これはスピリチュアルでいう「ワンネス」と同じ思想です。

そして大宇宙の心そのものが愛の摂理というルールになっています。

人間には悪を行う自由もありますが、最後まで善なる本性に抗《あらが》うことはできません。愛を表現して生きることが本能として埋め込まれているのです。それはつまり人間が神の子であるということです。

日本神道の教えをあえて宗教的に言語化するとしたら、宇宙の摂理を悟り、神の子に目覚めたものたちが、すべての人を守り、指導する中で自ら神々になっていくということです。

彼らは、神の摂理に導かれて、使命を遣わされて地上に降り立った仲間たちのことを「八百万の神」と呼んでいます。私たちすべてが神になることが許されています。日本神道でいう神とはそういうものです。

地上に降り立った神の子たちが真に神として目覚めたときに、地上に神仏の心が具現されます。神の国は天上界の意思だけでできるものではありません。神仏の使者としての自覚を持ち、自らが肉体を持った神として、天地が手を取り合ったときに、地上に本来の神の国ができます。

自らの神性に対して恥じることなく生きる。宇宙の神仏の心を自らの生き様として霊性を輝かせる。一人でも多くの人たちを救済し、多くの人たちを幸せにするために生きる。それが神道の、八百万の神々の生きる覚悟なのです。

すべての地球人が「生ける神」としての意識に目覚めたとき、地球は必ず愛の星に生まれ変わるでしょう。

あるスピリチュアル情報では、アメリカのニューソートを指導していたのは、日本神道の根本神の一つである天之御中主の本体意識であるといわれています。ニューソートは愛一元、光一元の教えです。スピリチュアルの教えに大きな影響を与えた「神との対話」の神が語る宇宙観も、愛一元、光一元の教えです。

スピリチュアリズムもアメリカのニューソートも、神が外にいるのではなくて、自分の内側に神がいると教えています。仏教も、キリスト教も、元々一つの源の神から出ているのであれば、本来はそういう教えだったのではないでしょうか。

日本神道は、宇宙や大自然の中にいる神と同じものを感じるための様式を今に残しています。教えがなくても神道が残っているのは、巨大な御神木や、深い森や水のエネルギーから地球のエネルギーを体感として感じる磁場を今に伝えているからでしょう。

宗教の教えはイデオロギーですが、神道の教えにはエネルギー的な実体があり、それはイデオロギーを超えています。

神道の「八百万の神」の中には、キリスト教でいえば天使たちや、宇宙系のスペースエンジェルも含まれます。スペースエンジェルとは高度に進化した宇宙人の魂が地球の霊界にやってきて、人間として転生して、現在は普通の生活をしている人のことをいいます。彼らは、特別なことはしていませんが、意識の在り方が地球人とは違っています。普通の人間として当たり前の人生を生きる中で、地球人とは違う、進化した存在の在り方の見本を見せてくれています。

「生ける神」になってほしい

最後に、この本で書きたかったことのまとめをしたいと思います。

地球が第四密度に上昇したとしても、お金や龍や神社は存在し続けると思います。しかし、その意味合いが変わってくるでしょう。

神社を訪れる人たちの多くは、まだ古い地球人の意識を持っていて、この世で生きやすくなるように、神様に頼ろうとします。この本を読まれたあなたは、そうではなくて、死後、神様の場所に行けるように心を磨く努力をするようになるでしょう。

八百万の神々はみんな、それぞれに個性を持ち、それぞれに欠点を持ち、それぞれに喜怒哀楽をし、人生を一生懸命に生きていました。そのような姿に神性が宿るのです。

神になる覚悟とは「自らの神性に恥じることのない生き方をする」という思いです。今回の人生は一度きりです。次に生まれるときは、別の人格で別の人生を生きることになります。そうであれば、悔いなく、今世を「生ける神」として生きることだと思います。

神社の神様に対峙するときには、「地上にいる間に、見事『生ける神』としての神格を得て、あなたの仲間として帰っていきます」といえるあなたであってください。

地球人の皆が神であり、人々の心がこの地球を変えていく中心となるということを、あなたの後ろ姿で語ってください。

どこの神社に行くといいというガイドはここではしません。ニュートラルな状態でいれば、自分の縁のある神様に自然に導かれていくはずです。

天照様の高天原系か、大国主様の出雲系か、修験道か稲荷社か、古神道か、山岳系か。中には神様がいない神社もあります。神様にも、荒神もいればニギハヤヒのように裏方として尽くしておられる神もいます。人間がみんな違ってみんないいように、神々もみんな違ってみんないいのです。

それよりも、自分がどれだけ高い理想を持って生きられるかを考えてほしいと思います。高い理想のために生きることだけを考えていただきたい。

そうすれば、この世では、龍神が守ってくれる人になれるでしょう。あの世に帰った後には八百万の神々の一柱になることができるでしょう。
あなた自身が龍神の王様になるのです。

了

鳳凰

神になる覚悟

神になる覚悟とは自らの神性に
恥じることのない生き方をする思いです

おわりに

風の時代が始まり、アセンションに向けて人々の意識が熟成していきます。

地球の波動がさらに上がり、古い価値観が崩壊し、社会が再生していきます。

そのときに時代の主役になるのが、私が「愛の循環経済」と呼ぶ新しい社会の在り方のマインドを身につけた人です。

地球を蝕んできたマネーゲームを終わらせなければなりません。

この本を書いているとき、新しい国をつくろうとしている人たちを全力で応援しようとする、日本神道の神々の熱い思いを感じずにいられませんでした。

かつてレムリアで、シュメールで、ヤマトで生まれた八百万の神々たちが、宇宙時代を開くために、いま再び、今度は新しい地球文明の八百万の神々として日本に生まれているのです。

神社の向こう側にいる、日本の神々が伝えたいことはシンプルです。

地球への感謝と和の心です。三次元にいる私たちは、それを自分の人生で表現していかないといけません。それが地上に降りた神々の役割なのです。

この本には、そのために必要な知識を盛り込みました。

これが、普通の人が普通の生活の中で神となっていく道なのです。

私たちが地球の未来をつくるために働くことを真剣に願えば、必ず龍神が応援してくれることも感じました。

豊かになることは、神として生きる人に対する、宇宙からのインセンティブです。

この本をきっかけに、新たな八百万の神々として生き始める方が一人でも増えることを願っています。

ジョウスター

「龍神の王様」発刊記念

JOSTARがよく出没する

パワースポット体感MAP

★ 明治神宮

★ エンジェルストーン

★ Sherryranticca

★ 目黒不動尊

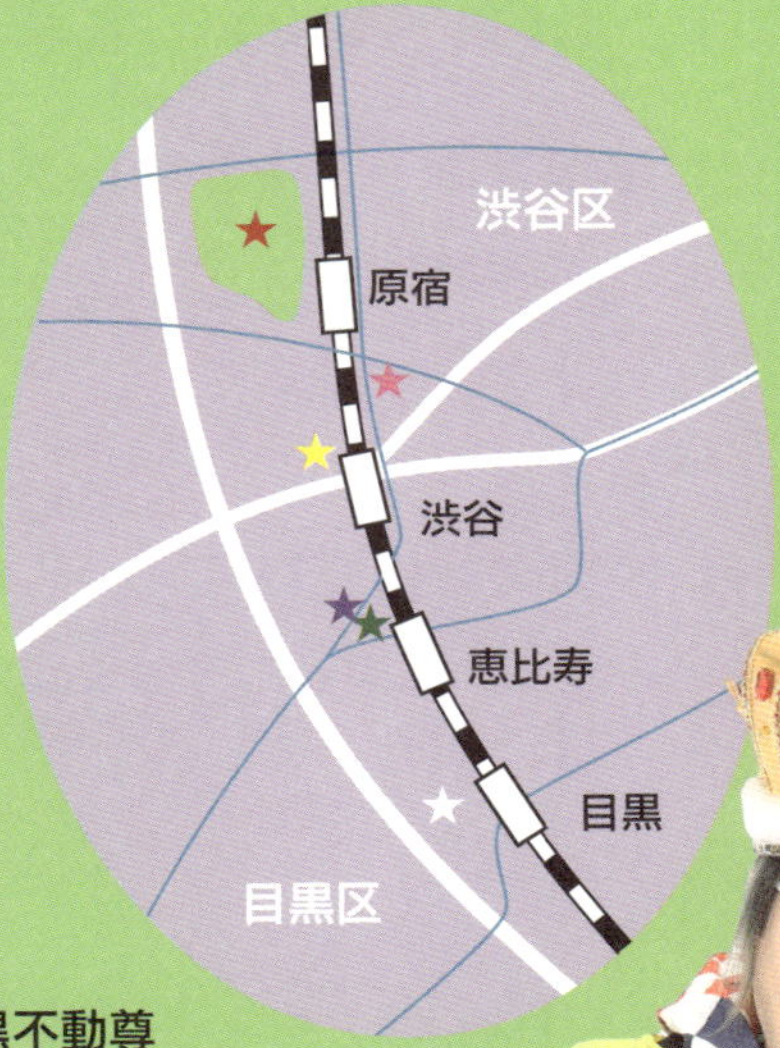

★ HARMONY COC

★ 恵比寿エムズ

☆ JOSTAR出没スポット1

エンジェルストーン

ジョウスタープロデュースによる四神彫石を配したブレスレットを扱っています。

四神（青龍・白龍・鳳凰・玄武）ブレス

01 宇宙マネーと愛と癒しブレス

♡ 宇宙と対話しながら、あなたの世界に、豊かな宇宙マネーと愛と癒しと健康を創造しましょう。

ギベオン隕石（ブルー）、セリコパラサイト隕石、クリソコラ、シリウスアイオライト、水晶（四神彫刻）

02 宇宙の叡智ブレス

♤ 宇宙とつながって、あなたの未来に創造的な変化をもたらすユニークなアイデアを受け取りましょう。

ギベオン隕石（ゴールド）、翡翠（四神彫刻）、エメラルド

03 精霊と妖精の財運ブレス

◇ 地球とつながって、精霊の恩寵をたっぷり受けて、あり得ない奇跡が起こることをあらかじめ喜びましょう。

シトリン（四神彫刻）、精霊が宿る屋久杉ビーズ、ゴールデンオーラ、水晶

04 グリッドエネルギー体感ブレス

♧ チャクラを活性化させ、地球の生命エネルギーを取り込み、魂としての自己の感覚に目覚めましょう。

水晶（四神彫刻）、オニキス、ガーネット、カーネリアン、シトリン、アベンチュリン、エンジェライト、ラピスラズリ、アメジスト

※四神の意味：

【青龍】 龍が天に昇ることから、運気上昇、立身出世、商売・事業・営業の発展・成功を呼ぶとされています。
【白龍】 すさまじい生命力と旺盛な勢力を象徴し、財運を上昇させ、子宝と安産、家庭円満、夫婦和合に導きます。
【鳳凰】 吉事の到来を予兆し、羽は厄災をはらい、凶を吉に変換させる力があると言われています。
【玄武】 無病長寿と富、財をもたらし厄災をはねのける。息災長寿と子孫繁栄を授けると言われています。

★ JOSTAR出没スポット 2

Sherryrantica

ジョウスタープロデュースによるペンダントとエネルギーグッズを扱っています。

九頭竜の約束（赤翡翠・青翡翠）

ミャンマー産の希少な翡翠を使い、熟練した職人が一つ一つ思いを込めて手作りしました。古代日本の石貨と小判をモチーフにした財運のお守りです。表裏に九つの龍の顔が彫られており「九柱の龍がチームとなって持ち主の事業を大きくする」という祈りが込められています。龍を束ねるのはあなたです。

純金箔七神龍

「ミスマルノタマ」は、すべての魂の元である生命の胚であり、「龍の星」で龍族が守る宇宙の根源的なエネルギーです。六芒星（ダビデの星）は現文明の始まりを作った聖書の民である古代イスラエル人のシンボルです。古代イスラエル人は日本人に同化しています。

この『純金箔七神龍』は、ミスマルノタマや六芒星をモチーフとしており、龍族のエネルギーや、神社の中に残る古代イスラエルのエネルギーにつながるポータルとなっています。

宇宙時代の八百万の神となるあなたにぜひ持っていただきたいエネルギーグッズです。

★ JOSTAR出没スポット 4

HARMONY COCO

★ JOSTAR出没スポット 3

恵比寿エムズ

★ JOSTARおすすめ体感スポット 1

明治神宮

日本神道の神々と
精霊のエネルギーを体感する

宝物殿前の広場　北池

明治神宮は約一〇〇年前、明治天皇崩御後に創建された神社で、ご祭神は明治天皇と昭憲皇太后です。

神仏の思いを思いとして**神性に恥じることなく**日努力精進し、己の勤めを果たすようにと神々は伝えています。

本殿前の御神域で天上界（高天原）に思いを向けて、**高い波動に同調**してください。まずここで天之御中主神や天照大神をはじめとした**八百万の神々のエネルギーを体感**しましょう。

宝物殿前の広場にはさざれ石を中心に大きな**光の柱**が立っています。ここで再び天上界の波動を感じて、神々と一緒に**地球への感謝の祈り**を捧げましょう。

神宮の杜は全国の献木が植樹されたものなので、神域全体が日本中の**森の精霊とつながるポータル**になっています。広場から御苑裏を通る小径を歩きながら森の癒しのエネルギーを感じましょう。御苑内の清正井戸では湧水を通して**ガイアの意識**と繋がってみましょう。

★ JOSTARおすすめ体感スポット 2

目黒不動尊

不動明王のエネルギーを体感する

本堂

大日如来坐像

役行者倚像

独鈷の滝

山門

目黒不動尊は約一二〇〇年前、慈覚大師圓仁が不動明王の夢のお告げにより霊泉を発見して創建した天台宗のお寺です。山門を入ってすぐに**一二〇〇年枯れない泉**があります。

ご本尊は不動明王です。**仏様の教えを伝える人たちを魔から護る**仕事をする神様です。キリスト教圏ではその役割をミカエル大天使の軍団がしています。

龍神や、**役小角**など力自慢の天狗たちも同じく地上で神仏のために働く人を護るお役目を持っています。境内には「神変大菩薩」（役小角）の像があるほか、縁結びの神である愛染明王や、金運の神である豊川稲荷も祀られています。

本堂の裏に**大日如来**（宇宙の本体）の坐像があります。**大宇宙の心が不動明王となって現れた**ことを示す仏像です。

魔への対応は神道の神様よりも**仏様の方が得意**です。坐像の周辺は邪念を寄せつけない強い**降魔のエネルギー**に満ちています。

レゾナンス波動入り自由系音楽

ジョウスター DVD

(Amazon/STARZ LABEL)

① GOD CODE HERO

② SHOCK KING AVENGER STARZ

③ GALAXY STARZ

①
GOD CODE HERO
(DVD)

②
SHOCK KING
AVENGER STARZ (DVD)

③
GALAXY STARZ
(DVD)

④
SIRIUS STAR GAZER
(DVD)

⑤
Love So Sick Story
(DVD)

⑥
STARZ (DVD)

④ SIRIUS STARZ GAZER

⑤ Love So Sick Story

⑥ STARZ

レゾナンス波動入り自由系音楽

ジョウスターCD / デジタル音源

① スターゲイザー（シングル）

シングル音源
(acvex creator sgency)

②③ SIRIUS STARZ GAZER（アルバム）

アルバム CD
(Amazon)

アルバム音源
(Apple Music)

④ シャイニングパズル（シングル）

シングル音源
(Apple Music)

⑤ GALAXY STARZ（アルバム）

アルバム音源
(Apple Music)

⑥ スターダスト（シングル）

シングル音源
(acvex creator sgency)

⑦ Love So Sick Story

アルバム CD
(Amazon)

⑧ METEOR

シングル音源
(Apple Music)

⑨REACH FOR THE STARZ

シングル音源
(Apple Music)

⑩ STARZ

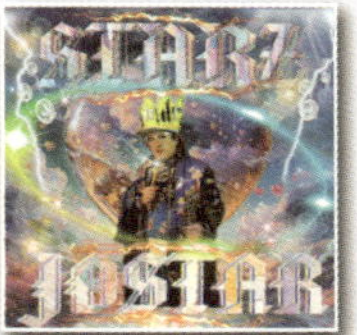

CD (Amazon)

SIRIUS STARZ
（1st Maxi single）

マキシ CD
(Amazon)

Lo

JOSTAR（ジョウスター）

YouTuber、音楽・映像プロデューサー。YouTubeのコンサルテーションも行う。東京都出身。アメリカ人の父親と日本人の母親のもとに生まれる。吉祥寺で育ち、学生時代はバンド活動に明け暮れる。「好きなことで生きていく」というYouTubeのCMのコピーに影響を受け、2016年からソロチャンネルを始動。現在は多くのチャンネルを運営し、日々世界中で起きるニュースを読み解くライブを配信。人間離れした声帯を持ち、YouTubeやtiktokなどの配信を毎日10本以上、365日休まず行う。仲間たちと出演する映画『東京怪物大作戦』をプロデュース。セントラルサンとシリウス系スターシード。地球外生命体の王様の魂が地球に転生したという噂も。テクノロジー系楽曲の制作や弦楽器の演奏もできる宇宙系ハイブリッドアーティスト。avexから『スターゲイザー』『スターダスト』『ミーティア』『リーチフォーザスターズ』などの大ヒットを連発。独自のスタイルで多数の楽曲を世に送り出し、MUSIC VIDEOは120曲を超える。新作アルバム『STARZ』『STARIX』などの楽曲を聴いて、日々波動をあげてほしいという思いで活動している。

龍神の王様

2025年3月10日　初版発行

著者　ジョウスター
©JOSTAR

発行者　高橋 敬介
発行所　アセンド・ラピス
〒110-0005 東京都台東区上野2-12-18 池之端ヒロハイツ2F
TEL : 03-4405-8118　email : info@ascendlapis.com
HP : https://ascendlapis.com

装丁・本文DTP　小黒タカオ
印刷・製本　株式会社シナノパブリッシングプレス

本書の一部または全部を無断でコピー、スキャン、デジタル化等によって
複写・複製することは、著作権法上の例外を除き禁じられています。
ISBN978-4-909489-12-8 C0010 Printed in Japan